SEO YOON-NAM

# Ein Lächeln öffnet das Herz

Seo Yoon-Nam
mit Brigitte Berger

# Ein Lächeln öffnet das Herz

*Meister Seos Lebensweisheit für mehr Gesundheit und Glück*

Knaur
MensSana

*Herausgegeben von Hans Christian Meiser*

Die Folie des Schutzumschlags sowie die Einschweißfolie
sind PE-Folien und biologisch abbaubar.
Dieses Buch wurde auf chlor- und säurefreiem Papier gedruckt.

Besuchen Sie uns im Internet: www.droemer-knaur.de
Alle Titel aus dem Bereich MensSana finden Sie im Internet
unter www.knaur-mens-sana.de

Originalausgabe März 2006

Umschlaggestaltung: ZERO Werbeagentur, München
Umschlagfoto: Christopher Thomas
Kalligrafien: Hyun Kwan-Nam
Satz: Ventura Publisher im Verlag
Druck und Bindung: GGP Media GmbH, Pößneck
Printed in Germany
ISBN-13: 978-3-426-66577-0
ISBN-10: 3-426-66577-8

2 4 5 3 1

# *Inhalt*

# *Vorwort*

Der Autor dieses Buches, Seo Yoon-Nam, von seinen Schülern respektvoll »Meister Seo« genannt, ist ganz gewiss kein Mensch, den man je wieder vergisst. Woran mag das liegen? An der Technik seiner Kampfeskunst (er ist Träger des 9. Dan, eines Taekwondo-Grades, den nur ganz wenige Menschen auf der Welt erreicht haben), an seiner ungewöhnlichen Kleidung (die er sich meistens selbst schneidert), an seiner jugendlichen Ausstrahlung (welche die manch eines seiner wesentlich jüngeren Schüler bei weitem übertrifft) oder vielleicht an der Höflichkeit, mit der er lächelnd durch die Welt schreitet? Ein abschließendes Urteil zu finden ist schwer und wahrscheinlich auch gar nicht passend, denn es würde abendländischem Denken entspringen. Und Meister Seo ist – auch wenn schon über dreißig Jahre in Deutschland – Asiat, Koreaner genauer gesagt. »Asien lächelt anders« nannte der Kulturphilosoph und Psychologe Jean Gebser jenes Phänomen, das uns bei der Begegnung mit Asien immer wieder zu schaffen macht, ob beim Betrachten einer thailändischen Buddhastatue, beim Bewundern der Akteure des Chinesischen Staatszirkus oder bei den grazilen Bewegungen und den höflichen Gesten der Bedienung im Sushi-Restaurant. Das asiatische Lächeln ist mit dem europäisch-amerikanischen kaum vergleichbar, denn es stammt ganz aus dem Inneren, aus der Mitte des Seins. Am ehesten finden wir es in unseren Breitengraden noch bei Kindern oder bei Nonnen – und schon dieser Vergleich zeigt, dass das Geheimnis dieses Lächelns etwas Unschuldiges an sich hat. Meister Seo lehrt demzufolge auch Selbstverteidigung, nicht lautloses Töten oder Häuserkampf. Was immer er uns Schülern beibringt, es ist stets nur positiv und konstruktiv, niemals aber das Gegenteil. Und was ist es, das er uns lehrt? Zunächst einmal die Kenntnis des eigenen Körpers. Dann die Kunst, diesen Körper so gesund wie möglich zu halten. Und schließlich das Wissen um die Einheit von Körper, Geist und Seele. All dies geschieht aber nicht etwa in der Theorie, sondern allein durch die Praxis, wobei Meister Seo – ganz in der Tradition asiatischer Meister – eben nicht irgendetwas vormacht, sondern die Schüler von selbst darauf kommen lässt, was er meint –

seine bloße Präsenz reicht dafür. Das dauert natürlich seine Zeit, aber irgendwann kann man dann eben tatsächlich von Reife sprechen. Zu dieser Reife gehören auch weitere asiatische Tugenden: Demut, Achtung, ein edler Charakter, gelebte Alltagsspiritualität, Harmoniestreben, Entwicklung inneren Reichtums, Willenskraft, Emotionskontrolle, Geduld, Toleranz, Ausgeglichenheit und innere Ruhe, Höflichkeit, Ausdauer. Die Kraft zu alldem stammt allein aus dem Geist, und auch die Selbstverteidigung ist zunächst einmal eine geistige Disziplin. Kommt Gesundheit, die mehr ist als die Abwesenheit von Krankheit, hinzu, entsteht jenes Lächeln, welches das Herz zu öffnen in der Lage ist. Im Laufe seines Lebens hat Meister Seo vielen Menschen sein Lächeln geschenkt, und es bleibt zu hoffen, dass die Herzen derer, die solches schon erfahren durften und noch erfahren werden, dieses Lächeln weitergeben …

*Hans Christian Meiser*

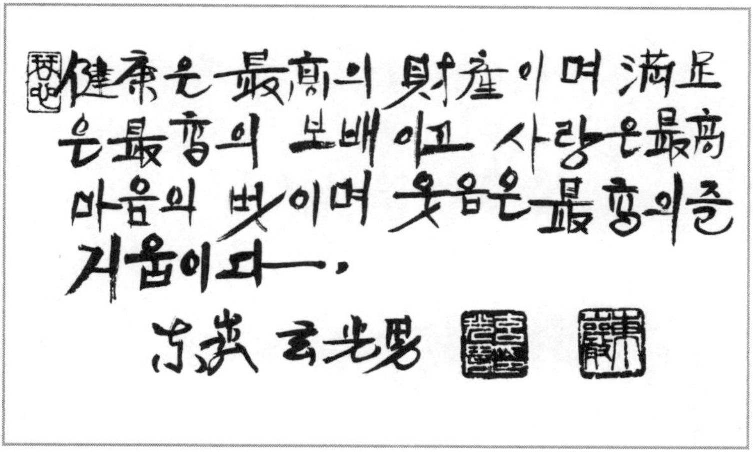


Gesundheit ist der grösste Reichtum.
Zufriedenheit ist der wertvollste Schatz.
Liebe ist der beste Freund des *Maums*.
Lachen ist die grösste Freude.

# *Einführung: Ein Lächeln öffnet das Herz*

Gesundheit ist die wertvollste Quelle für unser körperliches Wohlbefinden und die Voraussetzung für die freie Entfaltung unserer geistig-seelischen Möglichkeiten. Diese nennen wir in Korea *Maum*. *Maum* wird uns auf den folgenden Seiten immer wieder begegnen, denn es ist für unser Leben genauso wichtig wie unser Körper. Beide gehören zusammen und beeinflussen sich gegenseitig. Sie können den Einfluss, den Ihr *Maum* auf Ihren Körper hat, jeden Tag selbst spüren. Wenn Sie sich zum Beispiel über etwas Unerwartetes freuen oder auch wenn Sie sich ärgern, geht Ihr Atem schneller. Sind Sie entspannt, atmen Sie ruhig und gleichmäßig. *Maum* wirkt sich auf alle körperlichen Funktionen aus, ganz besonders auf das Herz, unser eigentliches *Maum*-Organ. Nicht nur in Asien, sondern auch hier in Europa wird dem Herzen mehr als seine eigentliche Organfunktion zugeschrieben. Es wird auch als Sitz unserer Seele betrachtet. Wenn Sie sagen: »Dieser Mensch hat ein gutes Herz« oder »Mein Herz weist mir den Weg«, sprechen Sie von *Maum*. *Maum* ist Ihre »innere Stimme«, Ihre Intuition, auf die Sie sich verlassen können, wenn Sie Entscheidungen treffen müssen. Wie eine Sonne wirft es seine Strahlen auf alles in und um uns. Es bestimmt, ob wir uns gut oder schlecht fühlen, ob unsere Mitmenschen uns mögen oder uns ablehnend gegenüberstehen. Die Ausstrahlung eines Menschen ist Ausdruck seines *Maums*, seiner seelischen Kraft. Wir Menschen unterscheiden uns zwar äußerlich, ein gesundes, reines *Maum* ist sich jedoch immer ähnlich, ganz unabhängig von unserer Herkunft und Bildung.

Eine wichtige Voraussetzung für ein langes, gesundes Leben ist, dass wir uns von Überflüssigem befreien. Heute glauben viele Menschen, dass sie alles haben oder behalten müssen, aber diese Vorstellung schafft auf Dauer nur Unzufriedenheit, Unsicherheit und Angst. Wenn wir uns zum Beispiel ausschließlich mit dicken, warmen Mänteln umhüllen, fällt uns jede Bewegung schwer und wir können bald Warm von Kalt nicht mehr unterscheiden. Das Gleiche gilt für das Essen. Ist unser Magen stets überfüllt, werden wir unförmig und dick und wissen eine gute, bekömmliche

Mahlzeit nicht mehr zu schätzen. Doch am meisten beeinträchtigen solche Gewohnheiten unsere Lebensenergie. Wenn *Ki* nicht mehr ungehindert fließen kann, wirkt sich dies nicht nur auf unseren Körper, sondern auch auf unser *Maum* aus. Belasten wir unseren Geist ständig mit unnützen oder schweren Gedanken, werden wir krank. Die Harmonisierung der Wechselwirkungen zwischen Körper und *Maum* erzeugt Wohlbehagen, Heiterkeit und Lebensfreude.

Übersättigung in jeder Hinsicht verlangt nach Umkehr. Unseren Körper können wir reinigen, indem wir unerwünschte Stoffe durch geeignete Maßnahmen aus den Zellen vertreiben; die beste Pflege unseres *Maums* ist die Verarbeitung und das Fernhalten schädlicher Emotionen. Wie das geht, fragen Sie? Am Anfang steht das Lachen. Lachen ist das beste Lebenselixier, das wir haben, und es kostet nichts. Ein Lächeln öffnet das Herz, und Lachen wirkt wie ein Frühjahrsputz auf Körper und Geist – unser *Maum* bekommt dadurch frische, bunte Kleider.

Zu einem großen Teil tragen wir die Schlüssel für unsere Gesundheit stets mit uns, wie zum Beispiel das Lachen. Aber wir besitzen nicht nur diesen einen, sondern sozusagen einen ganzen Schlüsselbund, mit dem sich die Türen zu mehr Glück und Wohlbefinden öffnen lassen.

Mit diesem Buch möchte ich Ihnen zum Gebrauch der verschiedenen Schlüssel Anregungen geben und Ihnen zeigen, wie Sie Ihre Gesundheit verbessern und lange erhalten können. Die Harmonisierung von Körper und Geist ist die beste Ausrüstung für eine gute und lange Lebensreise.

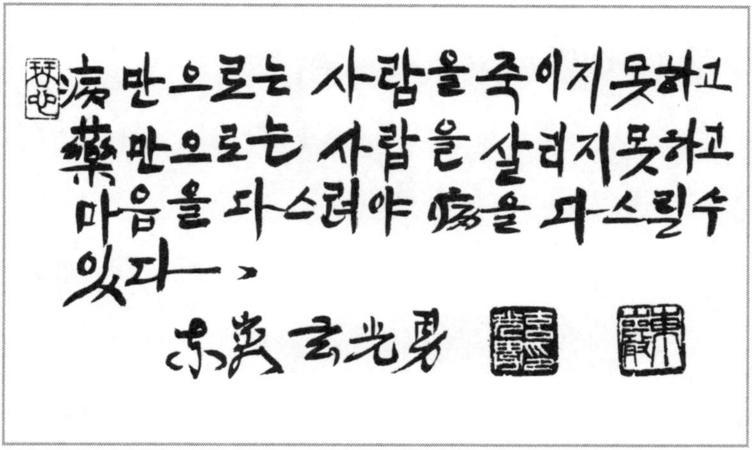


Krankheit allein kann den Menschen nicht töten.
Medikamente allein können ihn nicht heilen.
Nur mit Hilfe von *Maum* können Krankheiten
besiegt werden.

# 1:
## Die Bremsen lockern

*Wenn die Kuh davongelaufen ist,*
*ist es sinnlos, den Stall zu reparieren.*

Das Leben ist das Wichtigste, was ein Mensch besitzen kann. Es ist stets vorhanden und daher so selbstverständlich. Wir vergessen allzu leicht, dass wir nur dieses eine Leben haben. Deshalb ist es gut, sich hin und wieder klar zu machen, dass man nur glücklich sein kann, solange man lebt. Glück ohne Leben gibt es nicht. Und die beste Grundlage für ein gutes Leben ist die Gesundheit, die wir mit den richtigen Methoden lange bewahren können.
Tiere sind eins mit der Natur, sie lehnen sich nicht gegen sie auf. Ein Tier sucht Nahrung, wenn es Hunger hat, es schläft, wenn es müde ist, es bewegt sich, weil es einem inneren Bedürfnis folgt. Im Gegensatz dazu sind wir Men-

schen heute der Natur weitgehend entfremdet. Wir folgen nicht mehr unseren Bedürfnissen, sondern richten uns nach Geboten, Verboten und Normen. Unsere Lebensgewohnheiten sind oft einseitig, so dass wir in unserem Dasein reduziert sind und nicht alle unsere körperlichen und geistigen Möglichkeiten nutzen können.

Es sind dieselben Mittel, die unsere Gesundheit erhalten und die uns heilen können, wenn wir krank sind, natürliche Methoden, welche die Stabilität von Körper und *Maum* fördern. Gute Ernährung, Bewegung, Entspannung, Meditation sind nur einige Beispiele. Wir sind durchaus in der Lage, die Bremsen zu lockern, die unsere natürlichen Bedürfnisse blockieren und unsere Gesundheit einschränken.

Auf dem Weg zu einer natürlichen Lebensweise können uns folgende Maßnahmen unterstützen:

1. die Verbesserung der Körperhaltung
2. Fasten zur Reinigung des Körpers
3. vollwertiges Essen und die Förderung eines gesunden Appetits
4. Atemübungen, die Körper und *Maum,* unser geistig-seelisches Befinden, in einen natürlichen Rhythmus bringen

## 5. Meditationsmethoden zur Charakterbildung und für eine ausgeglichene Gefühlslage

Unser Wohlbefinden hängt in hohem Maße davon ab, wie weit wir uns körperlich und geistig-seelisch im Gleichgewicht befinden. Durch unsere stets aufrechte Haltung und die übliche Vorwärtsbewegung bekommen wir leicht einen gebeugten Rücken. Ein Gegengewicht können wir schaffen, indem wir zeitweilig rückwärts gehen, uns hin und wieder nach hinten beugen oder einen Kopfstand machen. Nach zu vielem oder schwerem Essen ist mildes Fasten eine Wohltat für den Körper. Aber auch Geist und Seele verlangen nach Ausgleich. So hilft uns nach Aufregungen die bewusste Konzentration auf körperliche Bewegung. Nach geistiger Anstrengung können wir unser Gehirn zum Beispiel durch Musik oder durch einfache Gedankenspiele entlasten. Indem wir Gegensätze suchen, finden wir zur Harmonie. Einseitige Körperhaltungen wie auch einseitige geistige Aktivitäten führen zu Störungen unseres Wohlbefindens und unserer Gesundheit. Wenn sie zur Gewohnheit werden, entstehen chronische Krankheiten.

Um diesen vorzubeugen, sollten wir uns stets vor Augen halten, dass Körper, Seele und Geist eine Einheit bilden: *Maum* beeinflusst und kontrolliert den Körper, und umgekehrt können wir durch gezielte Körperübungen auf unser *Maum* einwirken.

Vollkommen gesund ist ein Mensch, wenn seine Anpassungsfähigkeit so weit entwickelt ist, dass er – gleich in welcher Umgebung und unter welchen Umständen – sein körperliches und geistig-seelisches Gleichgewicht (sein *Maum*) bewahren kann.

Die Jahreszeiten des Lebens

# *Exkurs: Die Jahreszeiten des Lebens*

In Asien weiß man seit vielen tausend Jahren, dass der gesamte Kosmos auf den sich anziehenden und voneinander fortstrebenden Gegensätzen *Um* (chinesisch: *Yin*) und *Yang* beruht. Das Wissen um die Lebensenergie, die als Folge der stets pulsierenden Bewegung zwischen diesen beiden Polen entsteht, ist elementarer Bestandteil der asiatischen Medizin. Die moderne Physik lehrt uns, dass die Welt aus Atomen besteht. Diese setzen sich – vereinfacht gesagt – aus Elektronen und Protonen zusammen, also aus Negativ- und Positivteilchen, die sich anziehen und abstoßen. Auch hier wirkt das Prinzip von *Um* und *Yang*. Wir Menschen sind Teil der Schöpfung und können uns als kleinen Kosmos im großen erkennen. Die Gesetzmäßigkeiten sind dieselben: Die Spannung zwischen *Um* und *Yang* hält alles in Bewegung und ermöglicht auch unser Sein.

Das Wirken von *Um* und *Yang* bringt die fünf Elemente Feuer, Wasser, Erde, Metall und Holz hervor, deren wechselseitiges Zusammenspiel die Jahreszeiten entstehen lässt. Dafür gibt es im Leben von uns Menschen eine Entsprechung: Die Kindheit können wir als Frühling unseres Lebens betrachten, Jugend und Adoleszenz als Sommer, die Erwachsenenzeit als Herbst und das Alter als Winter. Das ist nicht so weit hergeholt, wie es auf den ersten Blick scheint, denn vieles in der Natur gleicht sich – wenn man es genauer betrachtet.

### Frühling (*Tae Yang Gi* – Grosses *Yang*)

Unsere Kindheit entspricht der Jahreszeit, in der aus einem Samen erste Keimlinge sprießen. Die Entwicklung des Kopfes, in dem sich während dieser Lebensphase die meiste Energie befindet, steht im Vordergrund. Mütter wissen, dass ein Kind oft Fieber hat, sein Kopf heiß ist. Dies ist die Folge der noch nicht ausgeglichenen Körperenergie und eine natürliche Erscheinung, die mit dem weiteren Wachstum des Kindes wieder vergeht.

### Sommer (*So Yang Gi* – Kleines *Yang*)

In der Jugend und Adoleszenz entfalten sich die Kräfte. Der Körper entwickelt sich, und besonders die Brust bildet sich stark aus. Wie in der Natur, die erblüht, wächst im Menschen das Verlangen, seine Triebe auszuleben, Erfahrungen zu machen und sich fortzupflanzen. In diesem Lebensabschnitt ist der Mensch dem Handeln zugeneigter als geistiger Betätigung, was manch jugendliche Fehlentscheidung erklären kann.

HERBST (*Tae Um Gi* – GROSSES *Um*)
Das Erwachsenenalter können wir als Erntezeit betrachten. Der Mensch hat nun eine Vergangenheit und macht sich Gedanken über seine Zukunft. Das Erreichte zu erhalten ist wichtig. In diesem Lebensabschnitt sind viele bereits gesättigt, und sie bewegen sich nicht mehr so häufig wie früher. Der Bauchumfang nimmt zu. Im Gegensatz zur Jugendzeit weicht das unüberlegte Handeln nun einer zunehmenden Gelassenheit.

WINTER (*So Um Gi* – KLEINES *Um*)
In der Zeit des nahenden Winters lässt die Natur die Energie in die Wurzeln der Pflanzen zurückfließen. Gleichzeitig verlieren die Bäume ihr Laub und ihre Äste werden dürr. Ganz ähnlich verhält es sich beim Menschen. Im Alter werden Arme und Beine dünner, das Haar wird lichter und die Haut trocken. Die Lebensenergie sammelt sich im Unterbauch

(koreanisch: *Danzon*). Wir werden weiser und können unsere Erfahrungen, die wir im Leben gesammelt haben, an die Jugend weitergeben. Und so kann wieder Neues entstehen, ganz wie in der Natur, wenn der Frühling erneut erwacht.

Die Wirkung von *Um* und *Yang* ist überall erkennbar. Allgemein bezeichnen wir in Asien das Männliche als *Yang* (Plus) und das Weibliche als *Um* oder *Yin* (Minus). Beide Pole sind völlig gleichwertig. Den Himmel ordnen wir *Yang* zu, die Erde *Um*. Dazwischen steht der Mensch, der mit Himmel und Erde eine Einheit bildet. Als Lebensgrundlage spendet der Himmel Licht und Luft, die Erde gibt ihm Nahrung. In Korea sagen wir: *Chun Gi Sim*, was so viel heißt wie Nahrung – Lebensenergie – helles *Maum*. Das Bild einer Kerze veranschaulicht dies auf einfache Weise: Das Wachs ist die Nahrung, die Flamme die Lebensenergie und das Licht ist der Geist. Um eine große, strahlende Flamme zu erzeugen, also ein helles *Maum* zu bekommen, spielt die Ernährung von Körper und Geist eine große Rolle.
Ohne *Um* und *Yang* gäbe es keine Bewegung. Übertragen auf körperliche Übungen steht *Yang* für Konzentration und Kraft, *Um* für alle Beweglichkeitsübungen und für die Entspannung. Beide Übungsarten zusammen bewirken die Harmonisierung des Körpers.

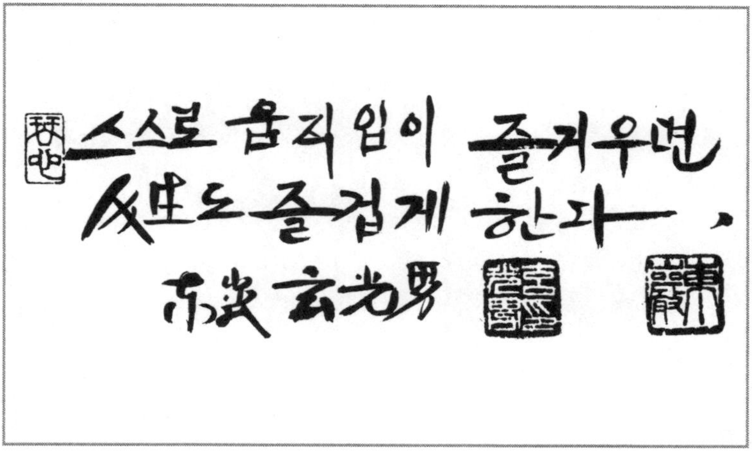


Sich mit Freude bewegen macht das Leben schöner.

2:

# Beweglichkeit, wacher Geist und Wohlfühlgewicht

*Wer seine Gesundheit pflegt,*
*pflegt auch seine Schönheit.*

Einseitige Bewegung führt mit der Zeit zu Haltungsschäden; und eine zu intensive, forcierte Bewegung lässt den Körper schneller altern. Die Muskeln schmerzen und lassen uns nachts keinen ruhigen, erholsamen Schlaf finden. Aber auch mangelnde Bewegung führt zu Muskelverspannungen und -verhärtungen. Kreislaufstörungen und ständige Müdigkeit sind die Folgen. Wenn wir uns dagegen ausgeglichen bewegen, fühlen wir uns wohl.
Ganzheitliches Training fordert nicht nur den Körper, son-

dern auch den Geist. Die Konzentration auf die Übungen verbessert unsere Gehirnfunktionen und lässt uns die Alltagssorgen vergessen. Der Stress verschwindet, vorausgesetzt, wir trainieren nicht verbissen und verzichten auf übertriebenes Konkurrenzdenken. Stress wirkt sich immer auf Geist und Psyche, aber auch auf die Muskeln aus. Der Körper wird verspannt und steif, genauso wie durch Bewegungsmangel.

Zu geringe, einseitige und zu intensive Bewegung schadet uns also. Hier gilt, wie auch beim Essen: Ein gesunder Mittelweg ist das Beste für die Gesundheit.

Durch ausgleichende Gymnastik, Stretching, Akupressur und Massagen werden die Muskeln weich, der Kreislauf normalisiert sich, die Nerven sind entspannt und der Hormonhaushalt kommt in die richtige Balance. Wir fühlen uns wohl. Damit ist auch die Gefahr von Verletzungen im Alltag oder beim Sport wesentlich geringer. Wir wundern uns zum Beispiel, wenn ein leicht alkoholisierter Mensch auf dem Nachhauseweg gestürzt ist und sich keine schweren Verletzungen zugezogen hat. Dafür gibt es eine einfache Erklärung. Durch den Alkoholgenuss entspannten sich seine Muskeln, sein Geist wurde nicht durch anstrengende Gedanken belastet. Und so fiel er auf eine natürliche Weise, die ihn vor Schlimmerem bewahrte.

Ein ähnliches Gefühl der Entspannung und des Loslassens überkommt mich zum Beispiel, wenn ich nach einer längeren Wanderung als Beifahrer in einem Auto sitze. Das leichte Schaukeln während der Fahrt wirkt nach der körperlichen Anstrengung wie eine Wiege und lässt ein wohliges Gefühl in mir entstehen. Momente der Entspannung, vor allem nach körperlicher Betätigung, sind wohltuend für Körper und Geist und machen uns ruhig und glücklich.

Viele Menschen treiben Sport mit dem Wunsch nach einem gesunden, schönen Körper. Sie wollen entweder abnehmen oder Muskeln aufbauen. Beides wohldosiert zu kombinieren ist am besten. Der Effekt eines ausgleichenden Trainings ist, dass wir damit nicht nur besser aussehen, sondern den typischen Alters- oder Wohlstandskrankheiten, wie zum Beispiel Herz-Kreislauf-Störungen, Diabetes oder Alzheimer, vorbeugen können. Wir finden dadurch zu einer gesunden Mitte. Nicht ein vorgegebenes Schönheitsideal sollte uns leiten, sondern immer unser Wohlbefinden.

Wenn wir abnehmen wollen, ist leichtes Ausdauertraining besser als Gewichtheben, das den Muskelaufbau, nicht aber den Fettabbau fördert. Alle Sportarten, bei denen wir viel Sauerstoff brauchen, wie Laufen, Aerobic oder auch Wandern, dienen dem Abbau von zu viel Fett.

Doch nicht nur Bewegung allein führt zu unserem Ziel eines wohlgeformten, gesunden Körpers, sondern natürlich auch eine richtige, ausgewogene Ernährung (siehe nächstes Kapitel). Dagegen belasten strenge Diäten ohne ausgleichende Bewegung den Körper und sind wenig geeignet, dauerhaft eine gute Figur zu erhalten.

Wenn wir Muskeln aufbauen wollen, essen wir am besten etwa eine Stunde vor dem Training. Wollen wir abnehmen, empfiehlt sich eine Mahlzeit erst nach dem Sport, denn mit leerem Magen verbraucht der Körper das überschüssige Fett leichter. Während der intensiven Bewegung erwärmen sich die Muskeln und der Glukosegehalt im Blut sinkt, eine wichtige Voraussetzung für den Fettabbau. Morgens ist der Blutzuckerspiegel niedriger, weshalb wir das Fett, das sich während der Nacht in unserem Organismus abgelagert hat, schneller verbrennen. Trainieren wir abends, verbrauchen wir die Restenergie des Tages; der Kalorienbedarf ist nach körperlicher Anstrengung auch noch während des Schlafs erhöht, so dass sich weniger Fett ablagern kann. Wenn wir also abends einmal zu viel gegessen haben, schaffen leichte Gymnastik und Stretching einen Ausgleich.

Faule Leute, die wissen, dass der Körper nach dem Training noch ungefähr sechs Stunden lang Fett abbaut, sind manchmal überzeugt, dass sie im Schlaf abnehmen können, wenn sie durch langes Sitzen im heißen Badewasser die Körpertemperatur erhöhen und nach ein paar Stretchingübungen ins Bett gehen. Auch diese Methode kann zugegebenermaßen dem Fettabbau dienen. Ich lache gern über solche Versuche und hoffe, dass diejenigen, die sie anwenden, ihren Kreislauf schonen, indem sie das Wasser nicht weiter als bis zum Nabel reichen lassen.

Und wenn wir schon beim Lachen sind, kommen wir noch zu einem weiteren guten Grund für sportliche Betätigung. Denn sowohl beim Lachen als auch beim Sport schüttet unser Körper Endorphine aus, so genannte »Glückshormone«, die uns entspannen und gute Laune schenken.

Wir sollten, wie schon gesagt, das Training nie übertreiben, auch um zu verhindern, dass sich schädliche Stoffe im Körper bilden, so genannte freie Radikale. Dies gilt besonders dann, wenn wir abnehmen wollen. Ich will dies am Beispiel eines Schweinebratens veranschaulichen: Wenn wir diesen nämlich zu stark erhitzen, verbrennt das Fleisch und es entstehen Giftstoffe. Braten wir es dagegen langsam an, schmilzt das Fett und das Fleisch bleibt zart.

Damit sich nicht zu viele freie Radikale in unserem Körper bilden, sollten wir bewusst atmen und mäßig, aber regelmäßig trainieren. Verbissenheit führt immer zu Stress, und den sollten Sie besonders dann vermeiden, wenn Sie der

Ansicht sind, abnehmen zu müssen. Denn Stress fördert die Adrenalinausschüttung und der Körper produziert daraufhin mehr Insulin, was dann letztendlich zu mehr Fettablagerungen führt.
Für die Gesundheit am besten ist die Kombination von Stretching, also Muskelanspannung und -entspannung, sowie Ausdauertraining in Verbindung mit einer ausgewogenen Ernährung. Unser Körper braucht Reserven. Überaus schlanke Menschen verlieren bei der geringsten Krankheit sehr schnell Muskeln, weil ihr Körper auf kein Energiedepot zurückgreifen kann. Deshalb gilt auch beim Abnehmen der Grundsatz: Nicht übertreiben!
Durch ein ganzheitliches Training finden Sie zu Ihrem individuellen Wohlfühlgewicht, das durchaus höher sein kann, als ein Schlankheitsideal es manchmal vorschreiben möchte. Durch regelmäßiges Training bekommen Sie nicht nur eine gute Haltung, straffe Körperkonturen und eine schöne Haut, sondern auch einen wachen Geist und gute Laune.

Die folgende »Legende von der dicken Frau« beschreibt die sehr eigenwillige Methode eines Arztes, der mit dem Übergewicht einer Patientin konfrontiert wurde.

*Eine Frau, die so dick war, dass die Leute sie »Nilpferd« nannten, suchte den Arzt auf und fragte ihn um Rat, weil sie sehr unglücklich war. Er untersuchte sie und überlegte eine Weile. Dann verlangte er ein einmaliges Beratungshonorar und sagte ihr, er könne nichts für sie tun, denn in zwei Wochen würde sie sterben.*
*Die Frau dachte viel über ihre Situation nach, hatte großen Kummer und konnte deshalb fast nichts essen. Nachdem die zwei Wochen um waren, wurde ihr klar, dass sich der Arzt geirrt haben musste, denn sie war ja noch am Leben. Wütend suchte sie den Arzt erneut auf und machte ihm heftige Vorwürfe. Dieser aber verwies sie an den Spiegel, wo ihr eine schlanke Frau entgegensah. Sie solle sich beruhigen, meinte der Arzt. Ob ihr nicht aufgefallen sei, dass der Weg zu ihm nicht mehr so beschwerlich war, sondern sie jetzt leicht wie ein Vogel die lange Strecke zurückgelegt habe? Ihre Aufregung sei unangebracht, denn sie habe schließlich eine schöne Figur und sehe aus wie ein kostbares Essstäbchen.*
*Die Frau war von ihrem Spiegelbild begeistert, konnte ihr Glück kaum fassen und war dem Arzt für seinen Mut sehr dankbar.*

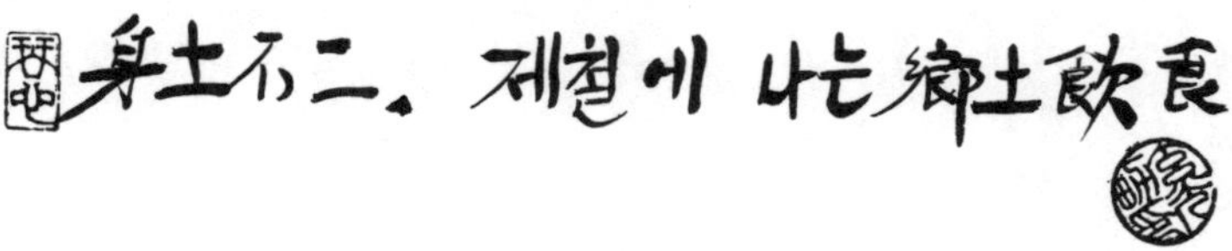


Iss den Jahreszeiten entsprechend und das,
was dein Land dir schenkt.

## 3: Essen, wie es uns bekommt

*Körper und Erde sind nicht getrennt.*

Wir sind Teil der Natur. Ohne Umwelt können wir nicht existieren. Leicht könnte die Natur aber ohne uns Menschen bestehen. Das sollte uns zu denken geben. Wenn wir die Natur als unsere Lebensgrundlage, unsere Nährmutter betrachten, fällt es uns nicht schwer, sie zu achten und ihre Regeln zu befolgen. Doch wie sehen diese Regeln aus? Sicher kann niemand sie auflisten, aber dennoch gibt es einige Grundsätze, die unser Leben positiv beeinflussen, wenn wir sie uns zu Eigen machen. Dazu gehört das Prinzip der Anpassung. Auf die Ernährung bezogen heißt das, dass verschiedene klimatische Bedingungen auch unterschiedliche Arten der Ernährung erfordern. Ein Afrikaner, der sich in seiner Heimat hauptsächlich von Getreide und Früchten er-

nährt, könnte in Alaska mit dieser Kost nicht überleben. Umgekehrt bekäme ein Inuit mit seiner gewohnten Nahrung in Afrika große Probleme. Am besten ist es immer, wenn wir uns vom Nahrungsangebot der Region, in der wir leben, bedienen und die verschiedenen Jahreszeiten berücksichtigen. Im Sommer genügt uns leichtere Nahrung wie Gemüse, Getreide, mageres Fleisch oder Fisch und Obst. In der kälteren Jahreszeit verlangt unser Körper zusätzlich nach mehr Fett und einer insgesamt reichhaltigeren Kost. Auf diese Weise angepasst, erhalten wir durch eine abwechslungsreiche Nahrung mehr Lebensenergie und folgen damit einer natürlichen Gesetzmäßigkeit.
Im Frühling erwacht die Natur. Es sprießen frische Keime. Grüne Pflanzen enthalten Kohlehydrate, viele Mineralien sowie Vitamine. In dieser Jahreszeit sind alle Zellen, auch die des Menschen, aktiver, was in Verbindung mit einer angepassten Ernährung zur Stabilisierung eines gesunden Organismus führt, aber auch zu einer guten Erholung im Krankheitsfall.
In der chinesischen Medizin wird das nachwachsende Geweih einer asiatischen Hirschart der höheren Bergregionen für ein hochwirksames Heil- und Stärkungsmittel verwendet (*Nok Yong*). Die neue Energie des Frühlings wirkt über das frische Futter erst im Tier, wo viele Nährstoffe sich im

neuen Geweih sammeln, und beeinflusst im Menschen, der davon isst, die Stärkung seiner Lebensenergie. Auch hier wird das Prinzip der Anpassung an die Jahreszeiten deutlich.

Im Sommer schwitzen wir leicht. Unser Körper braucht mehr Flüssigkeit, damit die Zellen aktiv sein können. Bei höheren Temperaturen fließt das Blut dichter an der Oberfläche unseres Körpers, Kreislauf und Verdauung sind etwas eingeschränkt. Deshalb sollten wir unseren Magen nicht mit schweren, fetthaltigen Speisen belasten. Vor allem Obst und Gemüse sind das Richtige, da beides viele Mineralstoffe enthält und leicht verdaulich ist.

Übrigens sollten wir im Sommer den natürlichen Vorgang des Schwitzens nicht durch Klimaanlagen verhindern, denn wir schwächen dadurch unser Immunsystem und somit die körpereigenen Abwehrkräfte.

Der Herbst ist die Jahreszeit, in der unser Appetit wieder wächst. Reife Früchte stimulieren die Magensekretion, so dass wir Getreide und Hülsenfrüchte, wie zum Beispiel Bohnen, gut verdauen können. In Asien sagen wir *Chon Go Ma Bi*, was so viel heißt wie: »Bei klarem Himmel wird das Pferd dicker.« Und ein weiteres Sprichwort aus meiner Heimat, das ich besonders liebe, besagt: »Wenn im Herbst die Früchte farbig werden, wird der Arzt blass.« Das drückt für mich am besten aus, was ich Ihnen vermitteln möchte: dass die Anpassung an die Natur, auch beim Essen, uns gesund erhält.

Im Winter benötigen wir mehr Kalorien als im Sommer. Das Blut fließt tiefer unter unserer Haut. Wir haben im Allgemeinen mehr Appetit, und eiweiß- und fetthaltige Speisen bekommen uns gut. Trotzdem sollten wir – besonders wenn die Gesundheit nicht stabil ist – auch im Winter mäßig essen.

Saisongerechtes, vollwertiges Essen aus der Region mit dem Schwerpunkt auf Ausgewogenheit ist das Beste für uns. Wenn wir bedenken, dass wir Teil des Kosmos sind, den wir uns als Himmel – Erde – Meer vorstellen können, liegt es nahe, diese Aufteilung auch auf unsere Nahrung zu beziehen: Vögel (Geflügel) des Himmels – Pflanzen und Tiere der Erde – Fische und Pflanzen des Meeres. Berücksichtigen wir diese drei Bereiche, ernähren wir uns niemals einseitig, sondern gesund und ausgewogen.

Viele Menschen halten heute keine festen Zeiten für die Mahlzeiten mehr ein, doch wenn es irgendwie möglich ist, sollten wir uns diese bewährte Art des Essens wieder zu Eigen machen, denn sie bekommt unserem Körper am besten.

Das Frühstück können wir mit dem Frühling vergleichen. Unsere Körperzellen erwachen. In der Natur suchen viele

Tiere morgens nach Futter. Die Luft ist klar und sauerstoffhaltig. Diese Zeit eignet sich für den Menschen am besten für eine reichhaltige Mahlzeit. Kohlehydrat- und vitaminreiches Essen ist besonders bekömmlich. Damit der Tag gut wird, ist ein vollwertiges, sättigendes Frühstück die beste Grundlage.

Mittag und Sommer entsprechen einander. Wie im Sommer hat der Körper eine höhere Temperatur, die Zellen sind aktiv, das Blut ist säurehaltiger und die Verdauung leicht eingeschränkt. Deshalb sollten wir nichts Fettes essen, sondern leichte Speisen bevorzugen und reichlich Flüssigkeit zu uns nehmen, damit wir nicht müde werden und die Arbeit am Nachmittag produktiv sein kann.

Der Abend ist der Herbst des Tages. Unsere Zellen sind weniger aktiv, die Körpertemperatur ist relativ hoch. Wenn wir gesund sind, können wir eiweißhaltige Speisen und pflanzliches Fett sehr gut vertragen. Um Magen und Darm möglichst nicht zu belasten, sollten wir abends weniger essen.

Wenn Sie abends zu einem reichhaltigen Essen eingeladen sind, machen Sie nicht den weit verbreiteten Fehler, auf Frühstück und Mittagessen zu verzichten, also zwei Mahlzeiten ausfallen zu lassen, denn der Körper wird dadurch sehr belastet. Besser ist es in diesem Fall, morgens und mittags etwas weniger als üblich zu essen.

Wie der Winter, so ist die Nacht die Ruhezeit der Natur. Das betrifft also auch den Menschen. Seine Organe brauchen eine Pause, um sich zu erholen. Deshalb sollten wir zwischen ca. 21 Uhr und 3 Uhr nichts essen. Schichtarbeiter sind davon natürlich ausgenommen. Sie sollten sich um diese Zeit wie andere am Morgen ernähren. Ohne Grund nachts zu essen, ist auf die Dauer extrem ungesund. Müssen unsere Organe auch während der Nacht tätig sein, sind sie mit Zwangsarbeitern vergleichbar.

Wir haben grundsätzlich viele Möglichkeiten, uns zu ernähren, weil unser Körper so angelegt ist, dass er sowohl pflanzliche als auch tierische Nahrung gut verwerten kann. Doch manchmal stehen die Bedürfnisse unseres Körpers im Gegensatz zur religiösen Überzeugung oder zu Traditionen und Gewohnheiten. Was der Glaube uns verbietet oder was wir nicht kennen, essen wir nicht. Eine ausgewogene Ernährung ist jedoch für unsere Gesundheit und unser Wohlbefinden nötig. Hören Sie auf die Signale Ihres Körpers. Auf Dauer kann sich niemand ohne Verlust des Wohlbefindens und der Gesundheit einseitig oder falsch ernähren.

In Korea sprechen wir von *So Sik*, was so viel heißt wie »mäßig, ausgewogen, lachend«. Und hier sind wir bei einem weiteren wichtigen Punkt für die Bekömmlichkeit unserer

Nahrung: der Freude am Essen. Wer sein Essen genießt, isst übrigens selten zu viel.
Leider haben heute viele Menschen Probleme mit dem Essen und können deshalb auch die Hinweise, die ihr Körper ihnen gibt, nicht mehr verstehen. Sie essen nicht mehr, um zu leben, sondern leben, um zu essen. Folge davon sind sinnlose Diäten und einseitige Ernährung. Nicht wenige glauben, besonders leicht verdauliche Kost sei grundsätzlich gesund. Das ist falsch. Denn tatsächlich ist sie nur für Kranke und Babys richtig. Ohne Grund breiartige Nahrungsmittel zu essen, weil sie neben der Arbeit schnell zu schlucken sind und gleich satt machen, ist ebenso schädlich wie genussfeindlich. Wenn wir unser Essen nicht gut kauen, fließt auch wenig Speichel, der eine gute Verdauung erst ermöglicht. Ganz zu schweigen von dem sinnlichen Genuss, der uns entgeht, wenn wir uns zu wenig Zeit für eine gute Mahlzeit nehmen. Eine solche Art des Essens führt auf die Dauer zu Geschmacksverlust und Verdauungsstörungen, und das Essen ist weder Vergnügen noch dient es der Gesundheit. Das Gleiche gilt für die Angewohnheit, ständig oder immer nur zwischendurch, im Stehen oder Gehen zu essen. All dies reduziert die Lebensenergie und führt über kurz oder lang zu Mangelerscheinungen und chronischen Krankheiten.

Unseren Körper sollten wir pflegen, solange wir gesund sind. Doch auch wenn bereits Beschwerden aufgetreten sind, ist eine ausgewogene Ernährung im Einklang mit der Natur die beste Grundlage für eine Heilung. Essen ist nicht nur Nahrungsaufnahme. Eine bekömmliche Mahlzeit erfreut den Körper und entspannt Geist und Seele. Unser *Maum* ist zufrieden und öffnet sich wie eine Blume.

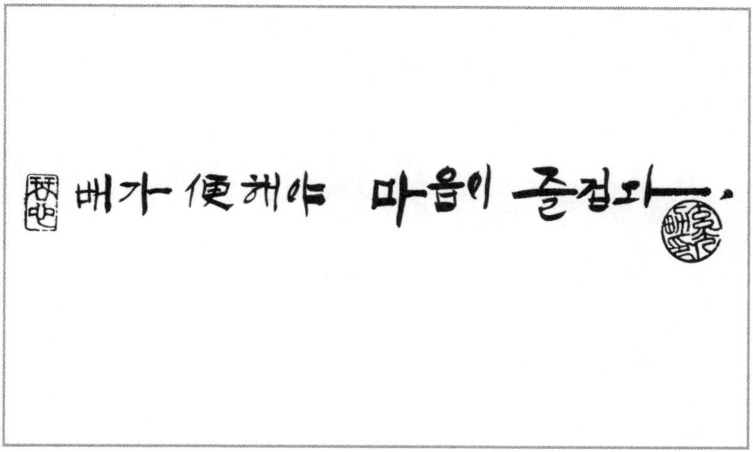


Glücklicher Bauch – frohes *Maum*.

# 4: Der glückliche Bauch

*Wenn das Wasser zu weit weg ist,*
*kann man kein Feuer löschen.*

Der Bauch ist die Mitte unseres Körpers. Deshalb sollten wir ihm besondere Aufmerksamkeit schenken. Im Bauchbereich befinden sich die meisten Organe, und besonders der Darm ist ganz wesentlich für unser Wohlbefinden verantwortlich. Ist der Bauch beruhigt, stellt sich ein zufriedenes Gefühl ein, wir haben gute Laune und fühlen uns ausgeglichen.

Im Unterbauch befindet sich unsere Energiequelle, *Danzon,* wie wir auf Koreanisch sagen. Diese Energiequelle versorgt sowohl unseren Körper als auch unser *Maum* mit Lebensenergie. Wie viel wir davon bekommen, hängt also stark davon ab, wie gesund unser Bauch ist.

Das moderne Leben bringt Stress und Bewegungsmangel mit sich, oftmals auch unregelmäßige und unzureichende Mahlzeiten. Oder wir essen zu viel. Unser Bauch muss dies alles verkraften. Ist er damit überfordert, rebelliert er. Manchmal akut, indem er schmerzt oder Übelkeit verursacht, oder aber schleichend. Ich höre sehr oft von Menschen, die über einen ständig harten Bauch klagen, der bereits nach einem Schluck Wasser aufgebläht und hart ist und auch sonst ständig mit Verdauungsproblemen wie Verstopfung oder Durchfall reagiert. Die Gründe sind meistens unklar, so dass der Arzt oftmals keinen konkreten Rat weiß. Doch wenn wir uns vor Augen halten, was unser Bauch alles zu leisten hat, und gleichzeitig, wie wir ihn behandeln, ist dies oft schon der erste Schritt, ihm mehr Pflege angedeihen zu lassen. Unsere Organe sind nicht unabhängig. Sie wirken stets gegenseitig aufeinander ein. So ist zum Beispiel die Lunge eng mit dem Dickdarm verbunden. Was sie im Körperinneren bewirkt, leistet die Haut an der Körperoberfläche. Beide sind Atemorgane und befinden sich in einer Wechselwirkung mit dem Dickdarm. Hat der Darm Probleme, wird dies meistens sehr schnell an der Haut sichtbar, sie ist unrein oder zu trocken.

Alles, was sich im Bauch abspielt, strahlt auf den ganzen Körper aus, denn im Bauchbereich befinden sich viele Nervenknoten. Kreislaufprobleme oder Energiestörungen sind oftmals leicht zu beheben, wenn der Bauch mehr Aufmerksamkeit bekommt. Ist unser Bauch zufrieden, kommt auch der Appetit ins Gleichgewicht. Heißhunger oder Appetitlosigkeit verschwindet und macht einem gesunden Hungergefühl Platz, sobald der Magen leer ist. Um satt zu werden, müssen wir nicht ständig etwas essen, denn der Körper kann die Nahrung besser verwerten, wenn der Darm gesund, der Bauch glücklich ist. So essen wir auch nur so viel, wie unser Körper braucht.

Tiere haben selten Probleme mit ihrer Körpermitte. Beim Gehen auf vier Beinen werden automatisch die Organe massiert, die locker in der Bauchhöhle verteilt sind. Sie werden dadurch gut durchblutet und funktionieren ungehindert. Die aufrechte Haltung des Menschen dagegen lässt die Bauchorgane nach unten sinken. Der Unterbauch wölbt sich vor, und es entsteht ein steter Druck, besonders dann, wenn die Muskeln durch Bewegungsmangel schlaff geworden sind. Einen Ausgleich können wir durch Gymnastik und sportliche Betätigung schaffen. So beugen wir Verdauungsproblemen oder auch der Neigung zum Leistenbruch vor, denn starke Muskeln und Bänder halten die Organe in der richtigen Lage und wirken so einer Senkung entgegen.

Doch nicht nur körperliche Bewegung hilft dem Bauch, sondern auch die Pflege der Emotionen. Verdauung und Ausscheidung sind eng mit unserem Gefühlsleben gekoppelt. Vielleicht haben Sie es schon am eigenen Leib erfahren, dass Ihr Bauch »verrückt spielte«, wenn Sie großem Stress oder starken Gefühlsaufwallungen ausgesetzt waren. Stress, Ärger und – noch schlimmer – Hass schaden vor allem unserem Bauch. Er speichert die negative Energie, wird empfindlich und krank. Schlechte Laune und Aggressionen sind die Folge. Ein ungesunder Kreislauf beginnt. Am Ende stehen oft chronische Krankheiten.

Es gibt gute Methoden, unser *Maum* zu beruhigen und damit auch dem Bauch zu helfen, so zum Beispiel Bauchatmen (siehe Schlüssel 7) oder Meditation (siehe Schlüssel 8).

An dieser Stelle möchte ich Ihnen jedoch zeigen, was Sie Ihrem Bauch mit den Händen Gutes tun können. Mütter wissen, dass Kinder, die Bauchschmerzen haben, durch das Auflegen der Hände oder eine leichte Massage Linderung empfinden. Es ist jedoch nicht nur die Berührung oder Massagebewegung, die hilft, sondern vor allem auch die liebevolle Energie, die sich über die »heilenden Hände« der Mutter auf das Kind überträgt und es so zur Ruhe kommen lässt.

Um den Tag gut und mit bester Laune zu beginnen, widme ich meinem Bauch die ganze Aufmerksamkeit. Während ich noch im Bett liege, reibe ich meine Hände gegeneinander

und lade sie dadurch energetisch auf. Ich lege sie zunächst auf den Oberbauch und lache eine Minute lang herzhaft. Anschließend massiere ich 50-mal im Uhrzeigersinn, zunächst in kleinen, dann in immer größer werdenden kreisenden Bewegungen meinen Bauch; anschließend nochmals 50-mal im »bayerischen Uhrzeigersinn«, das heißt andersherum. Zum Schluss lasse ich die Hände noch ein Weilchen auf dem Bauch liegen, lächle friedlich und schicke dieses Lächeln vom Mund an den Hals, in die Brust, zum Herzen, zur Lunge, zum Magen, zur Milz, schenke auch der Leber, den Nieren, dem Dünndarm, dem Dickdarm und den Ausscheidungs- und Sexualorganen ein Lächeln, bis der ganze Körper von dieser Energie erfüllt ist.
So beginnt der Tag gut. Stress und Krankheit haben keine Chance.

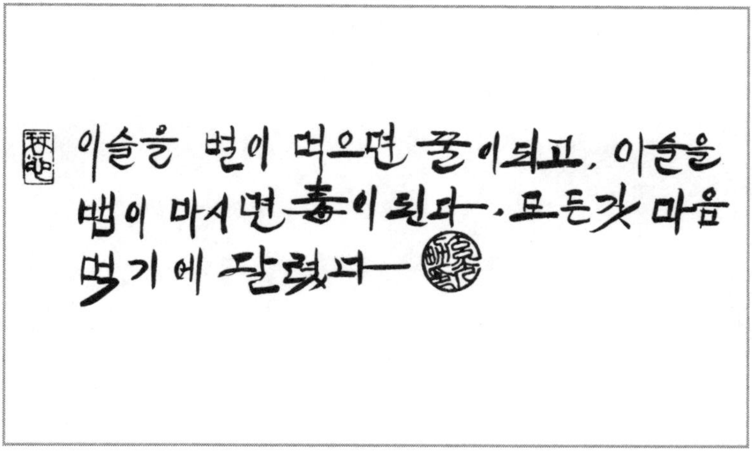


Wenn die Biene Tau trinkt, entsteht Honig.
Wenn die Schlange Tau trinkt, entsteht Gift.

## 5: Ausgleich des Energiehaushalts

*Gedanken machen aus einem See ein Meer.*

Die zunehmende negative Entwicklung der Esskultur führt dazu, dass wir oft mehr essen, als notwendig ist und uns gut tut. Wie aber kann man die Energie, die der Körper nicht unmittelbar braucht, verarbeiten? Leider nutzen viele Menschen diese überschüssige Energie auf schlechte Weise. Sie schimpfen und streiten mit anderen, regen sich über die kleinsten Missgeschicke auf, sind eifersüchtig und neidisch oder suchen Abenteuer, die ihnen körperlich und seelisch schaden. Es gibt sehr viele Möglichkeiten, seine Kraft zu vergeuden. Aber eine solche Art des »Abreagierens« führt auf die Dauer zu Anspannung, Stress und Unzufriedenheit, nicht selten sogar zu Erkrankungen von Körper und *Maum*. Menschen, die auf diese Weise leben, können zwar physisch gesund bleiben, weil ihre körperliche Energiebalance insgesamt stimmt, aber es fehlt ihnen die geistig-seelische Ausgeglichenheit.

Wirklich glücklich können wir nur sein, wenn Körper und *Maum* im Einklang sind.

Am besten nutzen wir überschüssige Energie, indem wir zum Beispiel mit Freude unsere Arbeit tun und uns ausgiebig bewegen. Es gibt mindestens genauso viele Möglichkeiten, das Leben positiv zu gestalten, als es sinnlos zu vergeuden. Gute Gedanken und ein freundlicher Umgang mit anderen sind der erste Schritt auf einem besseren Weg und stimmen ausgeglichen und heiter. Unser *Maum* wird hell, und wir fühlen uns körperlich und geistig wohl.

Glück bedeutet für jeden etwas anderes. Dennoch gibt es so etwas wie einen Grundkonsens darüber, was uns glücklich macht. Dazu gehören Liebe, Freundschaft, Familienzusammenhalt, Hoffnung, Freiheit, Geborgenheit und natürlich eine gute Gesundheit. Die Liste ist beliebig erweiterbar. Fest steht: Wer glücklich ist, ist gesünder und weniger in Gefahr, krank zu werden.

Ein aus dem Gleichgewicht geratener Energiehaushalt lässt sich mit etwas Einsicht und Disziplin leicht wieder stabilisieren. Die Zauberformel heißt »Mäßigkeit und Umwandlung von negativer Energie in eine positive Kraft«.

Gedanken können Berge versetzen – und auch unser Gleichgewicht wiederherstellen. Ich möchte dies an zwei Beispielen erklären.

Zwickt uns die Leber und richten wir unsere ganze Aufmerksamkeit auf sie, indem wir sagen: »Die Leber tut weh«, schaden wir uns, weil sich dadurch der Schmerz verstärkt. Schicken wir dem Organ dagegen gute Gedanken und ein wohlwollendes Lächeln, ist dies der erste Schritt zur Heilung.

Unser Bewusstsein lässt sich beeinflussen. Vielleicht haben Sie Ähnliches schon einmal selbst erlebt. Wenn jemand Bauchschmerzen hat und es trifft ihn ein Stein am Kopf, sind die Bauchschmerzen in diesem Augenblick verschwunden. Was ist passiert? Nichts anderes, als dass das Bewusstsein die Richtung gewechselt hat.

Diese Gesetzmäßigkeit können wir auch im Alltag für unsere Gesundheit und unser Wohlbefinden nutzen, indem wir die Aufmerksamkeit auf erfreuliche und wesentliche Dinge lenken. Wenn wir nicht nur darauf schauen, was andere tun, sondern unsere inneren Bedürfnisse erforschen, haben wir mehr vom Leben. Doch was sind unsere Bedürfnisse? Das ist nicht ganz so einfach herauszufinden, wie es zunächst scheint. Denn wenn es uns gut geht, machen wir uns darüber so gut wie keine Gedanken. Wir kümmern uns

im Allgemeinen erst darum, wenn etwas schief läuft im Leben.
Um zu sich selbst zu finden und seine inneren Bedürfnisse kennen zu lernen, helfen Entspannungsübungen und Meditation. Sie beruhigen Körper und *Maum*, lassen uns unser Innerstes spüren, und die Gedanken nehmen mit der Zeit einen positiven Charakter an und verdrängen die negative Energie.
Eine ganz einfache Übung, die eine positive Entwicklung einleiten kann, ist das Lachen, auf das ich später noch einmal zurückkommen werde. Versuchen Sie doch einfach einmal, morgens in den Spiegel zu schauen und zu lächeln. Probieren Sie es aus und entdecken Sie die Veränderung. Oder machen Sie Mimikübungen, die Sie zum Lachen animieren. Kommt Ihnen das albern vor? Macht nichts – Ihr *Maum* freut sich trotzdem, und Ihre Stimmung hebt sich.
Es gibt zahlreiche Möglichkeiten, eine trübe Gefühlslage aufzuheitern. Neben den allgemein bekannten Helfern für gute Laune wie Sport, Musik, Lesen oder das Zusammensein mit anderen höre ich manchmal auch von sehr eigenwilligen Methoden. Eine Frau erzählte mir neulich, dass sie regelmäßig Zeitungsartikel sammelt, die von Menschen berichten, die etwas Außergewöhnliches geleistet haben, um

anderen zu helfen oder sie zu erfreuen. Besonders eindrucksvolle Berichte schreibt sie sogar ab.
Der eigenen Kreativität zur Erlangung einer positiven Lebenseinstellung sind keine Grenzen gesetzt. Wichtig ist, dass wir negativen Gedanken keinen Raum geben, denn sie kerben sich in unser *Maum* ein und schaden uns. Gute Gedanken dagegen bringen Sonne in unser Herz und lassen unser *Maum* strahlen.

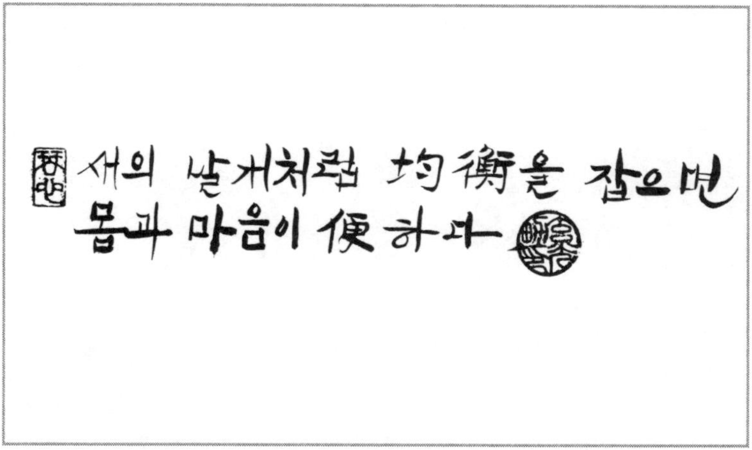


Wenn sich Körper und *Maum* in Balance befinden,
sind wir einem Vogel gleich,
dessen Schwingen ihn sicher und schwerelos tragen.

## 6: Den Stress besiegen

*Ein Baum mit vielen Ästen*
*findet keine Ruhe.*

Stress hat viele Gesichter. Und es gibt viele Möglichkeiten, ihm zu begegnen. Bevor wir uns eingehender damit befassen, möchte ich Ihnen eine kleine Geschichte erzählen. Später, in den nachfolgenden Kapiteln, werde ich das Thema vertiefen und Ihnen weitere Anregungen geben, wie Sie Stress vermeiden oder abbauen können. Aber nun zu unserer Geschichte:

*Es war einmal eine Mutter, deren Tochter als Eisverkäuferin arbeitete, während der Sohn mit dem Verkauf von Regenschirmen seinen Lebensunterhalt verdiente. Schien die Sonne, bangte die Mutter um den Sohn, dessen Kunden bei*

*schönem Wetter ausblieben. An Regentagen machte sie sich Sorgen um die Tochter, weil diese kein Eis verkaufen konnte. Die Mutter stand also ständig unter seelischem Druck und durch den anhaltenden Stress wurde sie schließlich schwer krank.*
*Bei einem Familientreffen sprach man über dieses Problem, und die Kinder machten schließlich den Vorschlag, die Mutter solle künftig bei schönem Wetter nur an die Tochter denken und bei Regenwetter an den Sohn und sich jedes Mal über die guten Geschäfte eines ihrer beiden Kinder freuen.*

Zu einfach, sagen Sie? Unterschätzen Sie nicht die Kraft Ihrer Gedanken! Wir haben es selbst in der Hand, wie wir die Dinge betrachten. Es gelingt nicht immer sofort, den Fluss quälender Gedanken zu steuern, ihm eine positive Richtung zu geben. Doch mit etwas Übung und Disziplin ist es zu schaffen. Sie werden sehen, die Welt sieht mit der Zeit anders aus: freundlicher, besser.
Stress ist nichts Unausweichliches, und wir können auf ganz unterschiedliche Weise auf ihn reagieren. Wichtig ist, uns klar zu machen, dass alle Vorgänge in unserem Körper vom Gehirn gesteuert werden.
Allgemein herrscht die Vorstellung, unsere Organe hätten jeweils nur eine bestimmte Funktion. In Wirklichkeit aber

sind sie voneinander abhängig und beeinflussen sich gegenseitig. Körper und *Maum*, unser geistig-seelischer Bereich, sind eine Einheit. Stress wirkt sowohl auf den Körper als auch auf unser *Maum*. Sind beide nicht im Einklang, fühlen wir uns unwohl. Vor allem setzt sich Stress in den Muskeln fest, die ihn ähnlich einer leeren Musikkassette aufnehmen und festhalten. Der Körper ist verspannt und schmerzt, er übersäuert. Am besten können wir Stress mit Stretching- und gezielten Atemübungen »verdauen«. Solche Übungen stimulieren die Nerven, und der Stress wird aus den Muskeln vertrieben. Die für das Training nötige Konzentration gibt auch unseren Gedanken eine andere Richtung und lässt unseren Geist zur Ruhe kommen.

Um aber nicht nur die Auswirkungen von Stress zu bekämpfen, sondern ihn dauerhaft zu besiegen, sollten wir uns erst einmal seine Folgen klar machen. Stress führt zu einer verstärkten körperlichen und seelischen Empfindlichkeit. Die traurige Konsequenz: Störungen des Gehirns und des Nervensystems sowie der Muskeln. Wir fühlen uns unwohl und krank. Stress verringert nicht nur die Lebensqualität, sondern verkürzt auch die Lebensdauer.

Wenn wir stets gestresst sind, müssen wir uns fragen, wo der Grund dafür liegt. Nicht immer liegt es an zu viel Arbeit. Viele Menschen machen sich ständig Sorgen, wie die

Mutter aus unserem einleitenden Beispiel. Wenn das bei Ihnen auch so ist, versuchen Sie, Ihre Gedanken auf etwas anderes, Positiveres zu lenken. Zugegeben, das gelingt nicht sofort. Aber geben Sie nicht auf, denn es lohnt sich. Oftmals ist es nur eine Frage der Einstellung, ob sich Stress breit machen kann oder nicht. Wenn ich beim Geräusch einer Bohrmaschine verärgert denke: »Welch entsetzlicher Lärm!«, fördert dies den Stress. Denke ich aber: »Ach, jemand repariert irgendetwas«, macht sich der Unterschied sogleich bemerkbar. Ich bleibe relativ gelassen, der Stress hat keine Chance. Eltern stört der Lärm der eigenen Kinder meistens weniger als der von anderen. Das hängt mit dem Bewusstsein der Kontrolle zusammen, die bei den eigenen Kindern eher gegeben ist. Vieles ist also eine Frage der inneren Einstellung. Aber es gibt noch sehr viel mehr Auslöser für Stress, und ich will hier nur wenige Beispiele anführen als Anregung zum Weiterdenken.

Inzwischen wissen wir alle, dass zu viele Informationen uns überfordern. Unkontrollierter, exzessiver Medienkonsum ist eine unversiegbare Stressquelle. Wir sollten es aber nicht bei diesem Wissen belassen, sondern überlegen, ob wir uns von Fernsehen, Computer, Handy oder einer täglichen Flut von Werbematerialien immer mehr »benutzen« lassen wollen, oder ob wir künftig auswählen und die Medien nach un-

seren Vorstellungen und Bedürfnissen nutzen. Sobald wir uns von ihnen beherrschen lassen, sind wir dauergestresst. Wir finden keine Ruhe mehr und verlieren den Bezug zu unseren natürlichen Bedürfnissen.
Zur Vermeidung oder Bewältigung von Stress möchte ich Ihnen ein paar Vorschläge machen, die Sie selbstverständlich beliebig erweitern können:

1. Schaffen Sie sich einen Ausgleich zur Arbeit mit einer passenden Freizeitbeschäftigung.
2. Bewegen Sie sich möglichst oft. Spazierengehen, Wandern und Sport sind wirksame »Stresskiller«.
3. Legen Sie öfter am Tag Pausen ein. Das bringt neue Ideen und verstärkt den Elan. Die Arbeit macht mehr Freude und wird effektiver.
4. Vermeiden Sie Beruhigungsmittel, übermäßigen Koffein-, Fett- und Zuckergenuss, Alkohol, Nikotin und andere Drogen. Sie bauen Stress nicht wirklich ab, sondern schädigen auf Dauer Körper und *Maum*.
5. Halten Sie guten Kontakt zu Ihrer Familie und zu Freunden.
6. Erlernen beziehungsweise praktizieren Sie wirksame Atem- und Meditationsübungen (siehe Schlüssel 7 und 8).

7. Machen Sie sich nicht von Ihren Problemen abhängig. Wenden Sie sich stattdessen Ihren Mitmenschen zu und versuchen Sie, ihnen Freude zu bereiten. Dies ist zugegebenermaßen die schwierigste Methode, aber auch die, die uns auf Dauer am meisten befriedigt und glücklich macht und unser Leben in gute Bahnen lenkt.

Ein sehr schönes Beispiel für die liebevolle Zuwendung an den Nächsten, auch wenn es sich um einen Fremden handelt, erzählt die folgende Begebenheit:

*Ein durstiger Wanderer machte an einem Brunnen Rast. Eine Frau schöpfte dort Wasser, und er bat sie, ihm seine Schale zu füllen. Sie tat dies gerne. Bevor sie ihm die gefüllte Schale reichte, legte sie ein Blütenblatt hinein. Irritiert fragte der Wanderer nach dem Grund. Ihre Antwort war sehr einfach. Sie sehe, dass er sehr durstig sei, und wolle nicht, dass er zu schnell trinke und damit seinen Körper schädige.*

Wenn es uns gelingt, Körper und *Maum* ins Gleichgewicht zu bringen, sind wir einem Vogel gleich, dessen Flügel ihn sicher und schwerelos tragen.

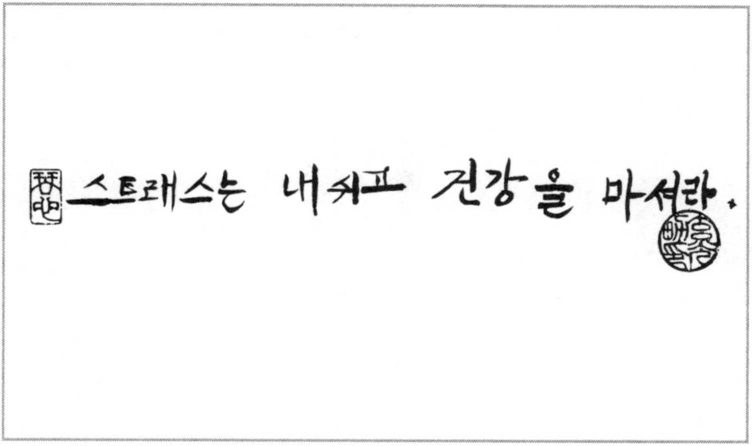


STRESS AUSATMEN – GESUNDHEIT EINATMEN

# 7: Gesundheit herbeiatmen

*Zwischen Himmel, Körper und* Maum
*gibt es eine Brücke.*

Atmen ist unsere erste Bewegung nach der Geburt. Mit dem ersten Schrei wird die Flüssigkeit aus der Lunge verdrängt und wir sind mit dem Kosmos verbunden – durch unseren Atem. Dies bleibt so bis an unser Lebensende. Atmen zeigt uns auf die einfachste Weise, dass wir Teil der Schöpfung sind und von ihr abhängen. Als Verpflegung schenkt diese uns bedingungs- und kostenlos »kosmische Nahrung«, die Luft zum Atmen. Wir schulden der Natur deshalb Wertschätzung und Dankbarkeit, denn sie allein ermöglicht unser Dasein. Sie stellt jedem, ob arm oder reich, jung oder alt, Atemluft zur Verfügung, von der sich jeder nehmen kann, so viel er braucht. Doch wie viel Luft

brauchen wir eigentlich, um gesund und leistungsfähig zu sein?
Viele Menschen sind heute »luftunterernährt«. Ihr Atem ist flach und reicht gerade aus, um am Leben zu bleiben. Doch Atmen kann viel mehr sein als bloßes unbewusstes Luftholen. Durch bewusstes Atmen können wir die Kapazität unserer Lungen voll ausschöpfen und auf diese Weise unseren Körper mit mehr Sauerstoff versorgen, damit unsere Organe optimal funktionieren. Ich höre sehr oft Klagen über bleierne Müdigkeit, für die der Arzt keinen organischen Grund finden kann, über Vergesslichkeit und depressive Verstimmungen, deren Ursache völlig unklar ist. Dagegen kann man mit den richtigen Atem-Methoden etwas unternehmen.
Im Gegensatz zu unseren Vorfahren, die, um zu überleben, ständig in Bewegung waren, benutzen wir im Allgemeinen unsere Arme und Beine viel zu wenig. Unser Körper ist aber für diese Bewegung geschaffen. Fehlt sie, wirkt sich dies besonders auf unsere Atmung aus. Sie wird oberflächlich und erfüllt ihre Aufgabe, den Körper ausreichend mit Sauerstoff zu versorgen, nur noch unzureichend.
Dies muss nicht so sein. Denn obwohl wir unsere Nahrung nicht mehr selbst in der freien Natur jagen oder sammeln müssen, können wir uns den nötigen Bewegungsausgleich

schaffen und mit einer guten Atemmethode unseren Körper unterstützen.
Den meisten Menschen ist nicht bewusst, wie viele Ausdrucksformen unseres Körpers nichts anderes sind als die Umwandlung des Atemvorgangs. Ob wir husten, niesen, seufzen oder gähnen, weinen oder lachen, ob uns der »Schluckauf« plagt: Immer ist unser Atem die Grundlage. Doch ist er nicht nur für diese offensichtlichen Reaktionen unseres Körpers verantwortlich, sondern an sämtlichen Organfunktionen wesentlich beteiligt. Deshalb ist eine gute Atemmethode ein so wirkungsvolles wie einfaches Mittel, die Gesundheit unseres Körpers und unseres *Maums* zu pflegen und fördern.
Durch gezieltes Bauchatmen können wir zum Beispiel auf den Darm einwirken, der sich dadurch erwärmt und besser arbeiten kann. Abgelagertes Fett wird so schneller abgebaut und die Nahrung insgesamt besser verwertet. Selbst wenn wir wenig essen, stellt sich nicht gleich wieder ein Hungergefühl ein, so dass wir zwischen den Mahlzeiten nichts essen müssen. Unser Körper wird dadurch entlastet.
Viele Alltagsprobleme und anhaltender Stress führen dazu, dass wir uns durch Schlaf allein nicht richtig erholen können. Deshalb ist es gut zu wissen, wie man zusätzlich frische Energie »tanken« kann. Grundsätzlich sollten wir uns zwar

bemühen, körperlichen und seelischen Stress zu vermeiden, doch gelingt das leider nicht immer. Gezieltes Bauchatmen hilft uns, Stress abzubauen, bevor er Schaden anrichten kann.
Um die Gesundheit und das Leben insgesamt zu verbessern, gibt es eine Methode, die wir in Korea *Yang Seng Sul* nennen. Dazu gehört

1. die Verbesserung der Körperhaltung
2. richtiges Atmen
3. beruhigtes *Maum*

Wir wollen uns an dieser Stelle besonders dem richtigen Atmen zuwenden. Bauchatmen ist nicht schwer. Sie atmen durch die Nase ein und lassen den Atem in den Unterbauch fließen, der sich dabei nach vorne wölbt. Beim langsamen Ausatmen durch den Mund wird der Bauch wieder flach.
Atmen wir auf diese Weise, bewegt sich das Zwerchfell und wir nehmen mehr Sauerstoff auf als bei der flachen Atmung, die nur bis zum Brustkorb reicht. Die Bauchatmung massiert den gesamten Bauchbereich auf sanfte Weise, was sich positiv auf die Organe auswirkt. Folgen wir gedanklich dem Weg unseres Atems von der Nase in den Unterbauch und wieder zurück bis zum Ausatmen durch den Mund, ist

dies gleichzeitig eine sehr einfache, aber wirkungsvolle Meditation. Wenn Sie wollen, können Sie dabei auch Ihre Atemzüge zählen. Das erhöht die Konzentration.

Eine andere Version des Bauchatmens ist es, sich vorzustellen, dass die Luft über den After eingesogen wird. Wir ziehen dabei den Unterbauch hoch. Das Zwerchfell bewegt sich dadurch ebenfalls nach oben. Der Bauch wölbt sich in diesem Fall nicht vor, sondern wird flach. Beim langsamen Ausatmen wölbt sich der Unterbauch dagegen leicht vor und der After entspannt sich.

Beide Übungen können Sie im Liegen oder Sitzen durchführen. Wenn Sie das Sitzen vorziehen, achten Sie auf eine gerade Körperhaltung, damit Ihr Atem ungehindert fließen kann. Ihre Füße stellen Sie dabei bequem auf den Boden.

Probieren Sie einfach aus, welche der vorgeschlagenen Übungen die bessere für Sie ist, oder wechseln Sie hin und wieder zwischen beiden ab. Egal, welche Sie wählen, versuchen Sie dabei, die Atemvorgänge zu beobachten und entspannt ein- und auszuatmen. Forcieren Sie nichts und bauen Sie keine Spannung auf. Konzentrieren Sie sich einfach auf Ihre Atmung und fühlen Sie in Ihren Körper hinein. Sie werden merken, dass Sie ruhiger werden, dass quälende Gedanken verfliegen und sich Ihr *Maum* beruhigt. Es ist nicht nötig, vorhandenen Gedanken krampfhaft auszuweichen.

Sich auf den Atem zu konzentrieren, reicht völlig aus. So ist diese Methode des Bauchatmens nicht nur gut für den Körper, sondern auch das beste Mittel gegen Stress.
Im Unterbauch befindet sich der Sitz unserer Lebensenergie. Durch die Konzentration der Atmung auf diesen Bereich können wir unser Energiepotenzial wesentlich steigern und unser Körpergefühl verbessern. Bewusstes Bauchatmen verhilft uns also zu einer guten Gesundheit und zu mehr Wohlbefinden.
Selbst im Notfall hilft die Aktivierung dieses Energiepotenzials, wie die anschließende kleine Geschichte zeigt:

*Zwei Freunde waren auf der Jagd. Plötzlich fiel einer von ihnen in ein Sumpfloch und drohte darin zu versinken. Sein Freund wollte ihm helfen, doch er schaffte dies nicht, weil der Ertrinkende sich schon aufgegeben hatte. Seine geistigen Kräfte drohten ihn ganz zu verlassen. Der Freund überlegte nicht lange und griff zum letzten Mittel. Er nahm sein Gewehr und schoss knapp am Ertrinkenden vorbei. Dieser mobilisierte plötzlich all seine Kräfte, so dass er sich letztendlich mit Hilfe seines Freundes befreien konnte.*

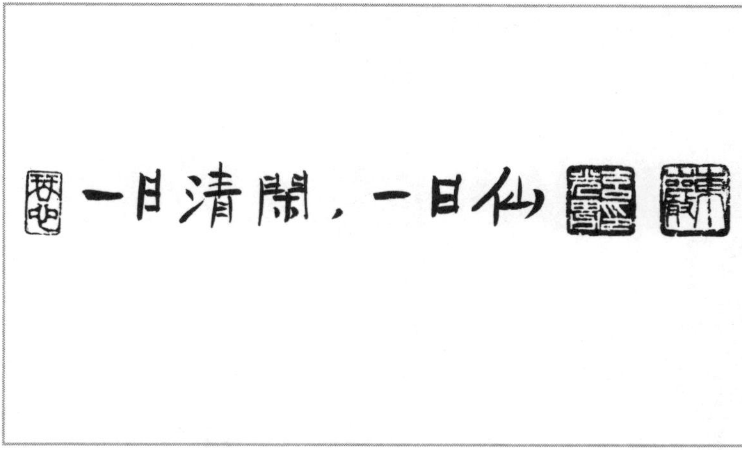


Ein sorgloser Tag ist ein göttlicher Tag.

# 8:
# Meditieren – in der Mitte sein

*Ein sorgloser Tag ist ein göttlicher Tag.*

In unserer hektischen Zeit mit ihren vielen Ablenkungen neigt der Mensch dazu, sich leicht selbst zu verlieren. Nervosität und Anspannung werden oft als Normalzustand angesehen. Aber wir sollten uns nicht damit abfinden, denn es gibt ein wirksames Mittel, innere Ruhe zu finden: Meditation. Durch sie können wir unsere Gefühle harmonisieren, unseren Geist von überflüssigen Belastungen befreien und so unser *Maum* beruhigen.

Es ist unmöglich, dass wir all unsere Wünsche erfüllen können. Wir sollten zwar versuchen zu erreichen, was wir uns vorgenommen haben, aber dabei nie unser Wohlbefinden außer Acht lassen. Wer ständig mit unerfüllten Wünschen beschäftigt ist, wird niedergeschlagen oder aggressiv. Das Glei-

che gilt, wenn wir uns mehr aufbürden, als wir leisten können. Die Folge ist anhaltender Stress. Viele Menschen leiden darunter. Ihr *Maum* ist krank und verlangt nach Heilung.
Um zu verstehen, was uns die größten Probleme bereitet, sollten wir wissen, was uns am stärksten beeinflusst.
Grundsätzlich sind es zwei Komponenten: die Natur und unsere zwischenmenschlichen Beziehungen. Hier sind auch die Ursachen für Stress angesiedelt.
Wir sind Teil der Natur und deshalb stark von ihr abhängig. Wir reagieren auf ihre Veränderungen, sind »wetterfühlig«, das heißt, wir reagieren auf Wind, Regen, Schnee, Kälte und Hitze. Damit wir uns mit der Natur im Einklang befinden, sollten wir uns bewusst auf sie einstellen. Dazu gehört auch, dass wir uns innerlich vom Wetter unabhängig machen, dass wir sowohl Sonne, Wärme und Hitze, aber auch Regen, Kälte und Schnee als naturgegeben und damit als etwas Positives annehmen können.
Das Gleiche gilt für unsere zwischenmenschlichen Kontakte. Wir sind keine Einzelwesen, auch wenn manch einer das in Zeiten zunehmender Individualisierung meinen sollte. Wir sind Teil eines sozialen Gefüges, von dem wir abhängen. Um in Harmonie mit unseren Mitmenschen leben zu können, kommt es auf unsere innere Einstellung an. Wir sollten nicht nur sehen, was uns selbst wichtig ist, sondern

auch die Ansichten und Wünsche anderer wahrnehmen und achten, uns als Teil eines großen Ganzen betrachten.

Die Natur können wir – Gott sei Dank – nicht nach unseren Wünschen verändern, doch können wir versuchen, sich ihr besser anzupassen, sei es mit der richtigen Kleidung oder durch sportliche Aktivität, die uns abhärtet und wechselhaftes Wetter besser verkraften lässt. Wir können Essen wählen, das uns bekommt, unsere Wohnung harmonisch gestalten – und wir können lernen, unsere Gefühle zu kontrollieren. Emotionen wirken sich auch immer auf den Körper aus. Massiver Ärger und große Aufregungen stören unter anderem unseren Blutkreislauf. Als äußere Zeichen dafür registrieren wir blasse oder gerötete Haut. Doch nicht nur negative Gefühle, auch positive Emotionen können sich gegen unseren Körper wenden, wenn sie uns im Übermaß überschwemmen. Lang anhaltende große Freude – also Euphorie – lässt uns unausgeglichen sein und auf Dauer den Sinn für das Wesentliche verlieren.
All dies zeigt uns, dass vieles dafür spricht, unsere Gefühle zu harmonisieren. Dafür gibt es ein wunderbares Mittel. Es heißt Meditation. Sie hilft uns, unser inneres Gleichgewicht zu finden, uns von quälenden Gedanken zu lösen. Durch sie wird unser Geist wie eine leere Schale, die wir mit guten Ge-

danken neu füllen. Wir können durch sie nicht nur unser Denken steuern, sondern auch auf die Reaktionen unseres Körpers Einfluss nehmen.
Der Satz »Ich bin unglücklich« bewirkt sowohl geistig als auch körperlich Negatives in uns. Wenn ich dagegen sage: »Ich bin glücklich«, kann ich mein Denken positiv stimmen und so auch auf meine Körperfunktionen einwirken. Das klingt ein wenig naiv, beschreibt aber die Wirkung der Meditation auf einfache Weise. Wenn wir an etwas denken, das uns Freude macht, an Menschen, die wir lieben, oder wenn wir uns an den letzten gelungenen Urlaub erinnern, an eine schöne Landschaft, oder uns ein besonders glückliches Erlebnis vor das innere Auge holen, dann bewirkt dies etwas Positives in unserem Gehirn. Gleichzeitig werden in unserem Körper Endorphine, »Glückshormone«, ausgeschüttet, die sich harmonisierend auswirken und unser *Maum* beruhigen. Geistige Erholung und Freude sind das eigentliche Wesen der Meditation.
Manche Menschen lieben Naturgeräusche, wie zum Beispiel das Rauschen eines Wasserfalls, oder Vogelstimmen, oder sie konzentrieren sich gerne auf das Licht einer Kerze, um zu meditieren. Es gibt viele Möglichkeiten, sich zu versenken, um den Geist von schweren Gedanken zu befreien. *Tscha bi* sagen wir in Korea. Das heißt: »Anderen Freude

machen vertreibt Kummer und Sorgen.« Wenn wir den Mitmenschen Gutes wünschen, dann geht es auch uns gut. Darüber lässt sich ebenfalls wunderbar meditieren.
Die einfachste Art der Meditation ist ein Spaziergang in der Natur. Sich ganz darauf konzentrieren, ohne dabei Gespräche zu führen oder die Gedanken zu vertiefen. Den Wind auf der Haut spüren, das Fließen eines Baches beobachten, grüne Wiesen, Bäume und die Sonne genießen. All dies fördert geistige und körperliche Erholung und ist oft besser als kompliziertere Formen der Meditation.
Für die Erholung zu Hause möchte ich Ihnen ein paar einfache Meditationsübungen anbieten.
Setzen Sie sich bequem, aber aufrecht auf einen Stuhl. Ihr Rücken ist gerade und Ihre Füße ruhen bequem auf dem Boden. Ihre Hände legen Sie auf die Knie. Sie können die Augen schließen oder leicht geöffnet halten. Konzentrieren Sie sich wie folgt auf Ihren Körper und Ihr *Maum* und gehen Sie auf eine gedankliche Körperreise, auf der Sie die einzelnen Partien bewusst aufsuchen:

1. Kopf, Stirn, Augen, Nase, Mund, Zunge, Hals, Schulter, Arme und Hände
2. Kopf, Stirn, Augen, Nase, Mund, Zunge, Hals, Brust, Bauch, Seiten, Rücken, Gesäß, Beine und Füße

Wenn unser *Maum* nacheinander auf diese Bereiche gerichtet wird, beruhigt es sich. Obwohl wir die Augen fast oder ganz geschlossen halten, sehen wir durch unser inneres Auge. Sich auf das entstehende Gefühl zu konzentrieren, führt zur Entspannung, und Wohlbehagen stellt sich ein. Körper und *Maum* schließen Freundschaft.

Eine Variante dieser Meditation ist folgende Übung:

1. Konzentrieren Sie sich auf Kopf und Stirn und entspannen Sie diesen Bereich.
   Denken Sie: Mein *Maum* ist beruhigt.
2. Richten Sie nun die Aufmerksamkeit auf Augen und Nase.
   Denken Sie: Mein Kopf wird frei und klar.
3. Konzentrieren Sie sich auf Ihren Mund.
   Denken Sie: Mein *Maum* ist glücklich.
4. Konzentrieren Sie sich auf Ihre Zunge, die Sie leicht an den Gaumen legen. Entspannen Sie das Mundinnere, und Sie werden merken, dass Ihr Speichel zu fließen beginnt. Schlucken Sie dreimal nacheinander.
5. Entspannen Sie nun bewusst Hals und Schulter.
   Denken Sie: Mein *Maum* ist beruhigt.
   Sie spüren ein leichtes Wärmegefühl.

6. Entspannen Sie bewusst Arme und Hände.
   Denken Sie: Körper und *Maum* sind entspannt.
7. Richten Sie Ihre Aufmerksamkeit auf die Brust.
   Denken Sie: Körper und *Maum* sind entspannt.
8. Konzentrieren Sie sich auf den Bauchbereich. Alle Organe sind entspannt.
   Denken Sie: Mein Bauch ist glücklich.
9. Richten Sie Ihre Aufmerksamkeit auf den Rücken und das Rückgrat, in dem die Nervenbahnen verlaufen.
10. Entspannen Sie bewusst Ihre Gesäßmuskeln.
11. Zum Schluss entspannen Sie bewusst Beine und Füße.
    Denken Sie: Mein Körper und mein *Maum* sind völlig entspannt.

Durch geistige Konzentration können wir uns von quälenden Gedanken befreien und unseren Körper nachhaltig entspannen. Schönes hat Platz. Wir können uns vorstellen, dass Wünsche sich erfüllen, dass Menschen, die wir lieben, glücklich sind, dass Krankheiten geheilt werden und dass sich ein harmonisches Lebensgefühl einstellt.
Für ein wirklich gesundes Leben müssen wir unser Gesichtsfeld erweitern. Wenn wir uns im Alltag kleinlich über alles Mögliche ärgern, wenn wir hassen und mit anderen streiten, wenn wir alles haben wollen oder schlecht über an-

dere reden, schaden wir uns selbst. Dies führt auf Dauer zu körperlichen und seelischen Krankheiten.
Durch Meditation, egal in welcher Form, sei es ein Spaziergang oder eine der vorgestellten Methoden oder auch nur ein einfaches Rechenspiel wie zum Beispiel das fortlaufende Subtrahieren der Zahl 3 ausgehend von 100 bis in den Minusbereich, entspannen wir Körper und *Maum*.
Durch Meditation eröffnet sich uns eine innere fantasievolle und wunderbare, manchmal auch unbekannte Welt. Unser Herz öffnet sich. Mit Meditation beginnt eine innere Reise, auf der unser vegetatives Nervensystem zur Ruhe kommt und sich harmonisiert. Am Ende dieser Reise werden wir gestärkt in den Alltag entlassen.
*Il il Chung Han il il Sun*, wie wir in Korea sagen. Diese alte asiatische Weisheit sollten wir uns zu Eigen machen. Übersetzt lautet sie: »Ein sorgloser Tag ist ein göttlicher Tag.«
Das Glück ist sehr nahe. Es in der Ferne zu suchen, im Außen, ist nicht sinnvoll. Es liegt in uns selbst. Jeder kann es finden. Meditation und Konzentration sind gute Hilfsmittel dafür. Von der Gabe der Konzentration zeugt die anschließende Parabel *Hansukpong*, die koreanische Eltern gerne ihren Kindern erzählen:

*Es war einmal eine arme Frau, die mit ihrem Sohn allein lebte. Für ihren Lebensunterhalt und vor allem, um die Ausbildung des Sohnes zu finanzieren, buk sie nachts Reiskuchen, die sie tagsüber auf der Straße verkaufte. Als der Sohn eines Tages von seiner Ausbildungsstelle schon sehr früh zurückkehrte, war die Mutter erstaunt und wollte von ihm wissen, ob er denn schon alles gelernt habe. Er bejahte dies. Da wollte sie einen Test mit ihm machen. Beide sollten ihre Arbeit vorbereiten. Die Mutter löschte das Licht. In der Dunkelheit sollte der Sohn sich konzentrieren und aufschreiben, was er gelernt hatte. Die Mutter schnitt derweil die Reiskuchen zurecht, wie sie es gewohnt war. Als beide fertig waren, entzündete sie das Licht wieder, und beide begutachteten das Ergebnis ihrer Arbeit. Die Mutter hatte ihre Reiskuchen perfekt geschnitten. Was der Sohn jedoch geschrieben hatte, war alles andere als einwandfrei. Er musste einsehen, dass es für ihn noch viel zu lernen gab.*

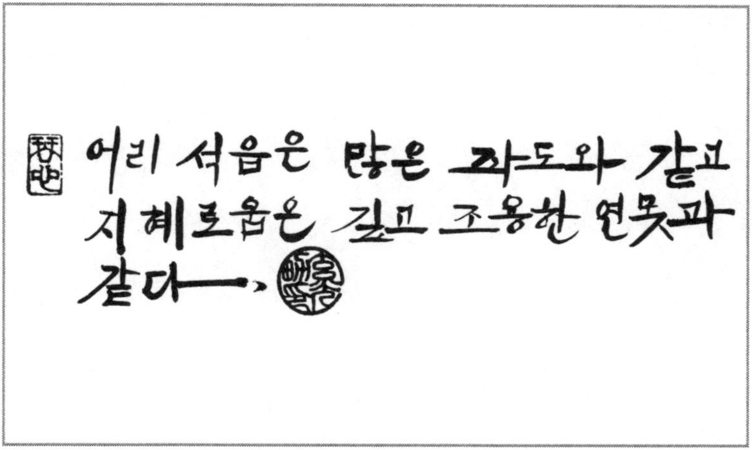


Dummheit schlägt viele Wellen.
Bescheidenheit ist tief und ruhig
wie ein Lotosteich.

# Exkurs: Methoden für ein gesundes, langes Leben

Heiterkeit, körperliche Bewegung und Mäßigkeit sind die besten Ärzte.
Eines unserer stärksten Bedürfnisse ist es, möglichst lange zu leben und dabei körperlich und geistig gesund zu bleiben. Die Methoden, die dahin führen, können wir in fünf große Gruppen einteilen:

1. Richtiges Atmen
2. Muskeln aufbauen
3. Organe pflegen
4. Richtiges Essen
5. Geist und Seele pflegen

Körper und *Maum* sind eine Einheit. Durch geistiges Training kann man, selbst wenn der Körper schwach ist, physische Stärke gewinnen, denn mit einem starken Willen können wir unseren Körper beeinflussen. Andererseits wird ein starker Körper mit der Zeit schwächer, wenn der Geist nicht richtig funktioniert. Belassen Sie es deshalb nicht nur bei ein wenig Gymnastik oder Hanteltraining, sondern schenken Sie auch Ihrem *Maum* die nötige Aufmerksamkeit.

Wirkliche Fitness und ein langes Leben hängen zu einem großen Teil davon ab, wie gut unser *Maum* trainiert ist.

Für die Einheit von Körper und *Maum* gibt es viele Beispiele. So ist die Verdauung stark von unserer geistig-seelischen Verfassung abhängig. Fröhliche und ausgeglichene Menschen haben meistens eine gute Verdauung, während Sorgen und Kummer auch das beste Essen nicht gut bekommen lassen. Unser Kreislauf ist eng mit unserem Nervensystem verbunden. Wenn wir uns schämen, werden wir rot, unter dem Einfluss von Angst bekommt die Haut eine blasse Farbe, Nervosität wird durch rote Flecken auf der Haut sichtbar. Auch unser Blutdruck ist stark von unserem *Maum* abhängig. Wut und Ärger lassen ihn ansteigen.

Wir sollten uns vor allen Übertreibungen hüten, denn Mäßigkeit ist eine sehr wichtige Voraussetzung dafür, dass Körper und *Maum* auf Dauer gesund bleiben. Eine optimistische Lebenseinstellung, die man sich durchaus antrainie-

ren kann, wirkt sich zusätzlich positiv auf Körper und *Maum* aus und lässt uns mehr Freude am Leben haben.
Wir können durch unseren Geist Einfluss auf den Körper nehmen und so auch bei Erkrankungen den Selbstheilungsprozess anregen. Die Natur, deren Teil wir sind, ist dabei unsere Verbündete und Helferin.
Viele geistige Lehrer weisen auf folgende vier Verhaltensweisen hin, die ich Ihnen hier ans Herz legen möchte, denn sie setzen uns in den Stand – zusammen mit der nötigen Bewegung -, möglichst lange gesund zu bleiben:

1. Richtiges Atmen in gesunder Luft genießen
2. Gute Kontakte zu den Mitmenschen pflegen
3. Freude am Essen haben
4. Freude am Lachen entdecken

Es gibt einige Regionen auf unserer Erde, in denen die Menschen besonders alt werden. Wissenschaftler haben die Lebensbedingungen in solchen Gebieten, die sie im Kaukasus, in Ecuador und Kaschmir entdeckten, erforscht und verglichen, um die Gründe für dieses Phänomen herauszufinden. Meistens leben diese Menschen abgeschirmt von äußeren Einflüssen in Höhenlagen, wo sie als Selbstversorger ihre Nahrungsmittel anbauen. Diese bleiben weitgehend naturbelassen. So wird Getreide vor dem Mahlen nicht geschält und behält seinen ganzen Nährwert. Weil kaum Handel betrieben werden kann, sind die Menschen darauf angewiesen, sich den Jahreszeiten entsprechend zu ernähren und sich auf das Essen der eigenen Region zu beschränken. Obwohl die Möglichkeit, sich satt zu essen, durchaus gegeben wäre, tun es diese Menschen nur bis zu 80 Prozent. Alkohol wird nur in sehr geringen Mengen genossen. Durch die Hanglagen ihrer Felder, die sie bis ins hohe Alter bestellen, sind sie ständig in körperlicher Bewegung. Bedingt durch die dünne Höhenluft müssen sie dabei kräftig Atem schöpfen, was zu einer Kräftigung der Lungen führt.

Das soziale Leben ist geprägt von einer natürlichen Hierarchie zwischen Alt und Jung, von Liebe und Anerkennung innerhalb der Familien sowie von einer sinnvollen Arbeitsteilung. Aufkommende Streitigkeiten werden von den Älteren geschlichtet, so dass Stress oder Kriminalität so gut wie nicht vorkommen.

Was kann uns eine solche Bestandsaufnahme sagen? Sollen wir nun alle als Selbstversorger in abgelegene Gebiete umsiedeln, ohne Kontakt zur Außenwelt? Sicher wollte das kaum jemand. Dennoch können wir einiges von diesen Menschen lernen. Wir haben zwar nicht die guten Umweltbedingungen, und auch unser Arbeitsleben ist nicht mit dem dieser Bauern vergleichbar. Aber wir können Methoden anwenden, die ich Ihnen mit diesem Buch näher bringen möchte, Methoden, die unseren Körper und unser *Maum* in vergleichbarer Weise beeinflussen können und so ein gesundes, langes Leben ermöglichen. Dazu gehören das richtige Atmen, gesundes, naturbelassenes Essen, körperliche und geistige Beweglichkeit, Mäßigkeit, Freude und Lachen sowie gute persönliche Beziehungen und Freundschaft mit der Natur. Wenn wir ausgeglichen und stark sind, können wir uns auch unabhängig von den unterschiedlichen Wetterlagen machen. Und so wird jeder Tag ein schöner Tag.

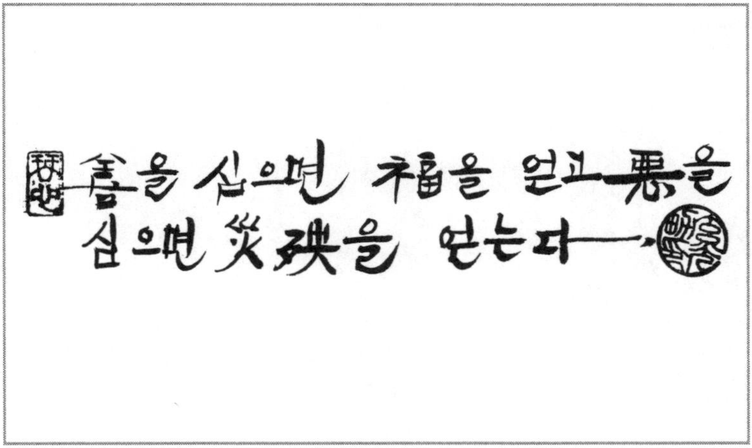


Wird das Gute gepflanzt, wächst das Glück.
Wird das Böse gepflanzt, wächst das Unglück.

# 9: Unserer Seele Nahrung geben

*Wer Bohnen sät, erntet Bohnen;*
*wer gute Gedanken sät, erntet ein gutes* Maum.

Auf den vorangegangenen Seiten haben Sie schon einiges über *Maum* erfahren, doch möchte ich an dieser Stelle noch näher darauf eingehen, denn von *Maum* hängt unsere Gesundheit und unser Wohlbefinden ab. In Korea sagen wir *Il Che Ju Sim Cho*, was so viel heißt wie: »Alles, was der Mensch tut, entscheidet *Maum.*« Wenn es zum Beispiel um Emotionen geht oder um Willenskraft und Charakter, um Mitgefühl, Entscheidungsfähigkeit und Wünsche, oder auch wenn jemand sagt, er müsse nun endlich einen Schlussstrich ziehen unter all seine Probleme, die ihm über den Kopf zu wachsen drohen – immer dann ist *Maum* im Spiel.

Wenn jemand nervös oder aufgebracht ist, sagen wir, er solle sein *Maum* beruhigen, das heißt, sein geistig-seelisches Gleichgewicht wiederfinden. Wir haben die Wahl, wofür wir uns entscheiden: Richten wir einen kleinen Wunsch an andere oder stellen wir die größten Anforderungen an sie. Eine solche Entscheidung trifft nicht nur unser Verstand, sondern immer auch unser *Maum* – Kopf und Herz. Viele Menschen wollen zum Beispiel abnehmen. Sie denken: »Ich muss Gewicht verlieren«, und essen dann fast nichts mehr. Aber sie halten selten lange durch. Denn es gibt einen Unterschied zwischen dem bloßen Gedanken und wirklicher Willenskraft. Entscheidend ist auch hier *Maum*.

Durch *Maum* finden wir unseren Weg. Ob unser Leben gut oder schlecht verläuft, ob wir gesund sind oder krank, hängt von unserem *Maum* ab. Es ist die in unserem Inneren versteckte geistig-seelische Energie, die über unser Wohlergehen entscheidet. Manche sagen, eine solche Annahme sei unwissenschaftlich oder dem Aberglauben zuzuordnen, denn man könne *Maum* schließlich nicht sehen. Aber wenn wir uns selbst kennen und beobachten, merken wir, dass wir mehr sind als das, was wir oder andere mit den Augen wahrnehmen. Jede Krankheit ist auch als geistig-seelische Energiestörung zu verstehen, die sich körperlich auswirkt, zum

Beispiel durch einen zu schnellen Herzschlag, Atemprobleme oder Zittern. Solche körperlichen Störungen sehen wir in Korea als Reaktionen unseres *Maums* an. Wenn unsere geistig-seelische Energie nicht fließen kann, bleibt sie im Körper eingeschlossen. In der Folge treten Krankheitssymptome auf. *Maum* beeinflusst in hohem Maß unser Nervensystem und ist somit ein wesentlicher Faktor für unsere Gesundheit und unser Befinden.

*Maum* umfasst nicht nur unsere Emotionen, unsere Willenskraft und Entscheidungsfähigkeit, unser Wissen und unsere Weisheit, sondern auch unsere Intuition. *Maum* ist das Bewusste und Unbewusste in uns. Es ist unsere gesamte geistig-seelische Verfassung. Und diese ist auch Grundlage für die Kommunikation mit unseren Mitmenschen. Sie ist entscheidend, wie wir mit ihnen umgehen, wie wir sie verstehen. Wir sagen: *I Sim Chun Sim* – was so viel heißt wie »das Herz weitergeben«. Wenn wir unser Gegenüber ohne Worte verstehen, ist das sehr beglückend. Zu verdanken haben wir es unserem *Maum*.

Können wir unser *Maum* verbessern und heilen? Ja, das können wir. Voraussetzung dafür ist allerdings, dass wir wissen, was unserem *Maum* schadet, und damit auch, was uns unglücklich macht: *Tam Shim, Zin Shim* und *Tschi Shim*, was so viel bedeutet wie Gier, Ärger, Wut. Diese Gefühle sind wie Unkraut in unserem *Maum*. Ein guter Gärtner pflegt seinen Garten. Und genau so sollten wir unser *Maum*-Feld pflegen und von allem befreien, was ihm schadet. Anstelle des »Unkrauts« sollten wir Freude, Liebe, Hoffnung und Lachen pflanzen, um unserer Seele Nahrung zu geben, damit wir zu einem klaren *Maum* finden. Denn dieses ist die Voraussetzung für ein glückliches Leben.

Wie unser Körper unter einseitiger Belastung leidet, so leidet auch unser *Maum*, wenn wir uns zum Beispiel ständig mit negativen Gedanken belasten. Schlechte Gewohnheiten verfestigen sich, werden chronisch und unser *Maum* verliert an Qualität. Deshalb ist es so wichtig, das Negative in uns zu besiegen und unser *Maum* zu heilen. Was kann uns dabei helfen? Jeder Mensch muss seinen eigenen Weg gehen, doch eine insgesamt positive Lebenseinstellung, Religiosität, Glaube, Meditation und Vorbilder können uns helfen, unser *Maum* zu verbessern.

Wichtig ist dabei auch, auf unsere innere Stimme, auf unser Gewissen, zu hören. In Korea sagen wir *Yang Shim*. Darunter verstehen wir die Fähigkeit, zwischen Gut und Böse zu unterscheiden. Es ist wichtig, von Zeit zu Zeit darüber nachzudenken und sich zu fragen: »Was tue ich?«, »Gehe ich den richtigen Weg?« und »Kann ich mit gutem Gewissen so leben, wie ich lebe?«. Manchen Menschen hilft es, abends vor dem Einschlafen ihren Tagesablauf noch einmal zu überdenken oder – wenn ein Monat oder ein Jahr vergangen ist – sich Rechenschaft abzulegen und einen Plan für ihr künftiges Leben zu entwickeln, um einen guten Kurs zu halten. Es hilft uns nicht, die Augen vor unseren Fehlern zu verschließen. Denn nur wenn wir ehrlich gegen uns selbst sind, können wir den Weg zu Wohlbefinden und Glück finden und so unser *Maum* heilen. Begegnen wir unseren Mitmenschen mit Respekt und Wohlwollen, Großzügigkeit und Nachsicht, wird sich dies immer positiv auf unser *Maum* auswirken. Eine besondere Wohltat für unser *Maum* ist das Lachen. Es lässt unser Herz strahlen und bringt Freude in unser Leben. Probieren Sie es aus. Ich werde später noch einmal darauf zurückkommen.

Reines *Maum* ist wie fließendes Wasser, das sich seinen Weg sucht, *Pjong Sang Sim I Do Da* sagen wir dazu in Korea. Wie Wasser aber nicht nur in seiner reinen Form existiert, sondern uns auch als Regen, Nebel, Eis und Schnee begegnet, so ist es auch mit unserem *Maum*, das alle denkbaren Gefühlszustände kennt.

Reines *Maum* findet seinen Weg. In Asien sagen wir dazu *Do*.

Die beiden Geschichten, die ich im Anschluss erzähle und die jedes koreanische Kind kennt, verdeutlichen, dass

*Maum* verschiedene Entwicklungsstufen aufweist, die unser Verhalten auf unserem Lebensweg wesentlich beeinflussen.

*Ein Fischer und seine Frau legten ihre Netze aus und fanden später darin keine Fische, sondern zwei goldene Schildkröten. Sie bestaunten sie, brachten sie aber ins Meer zurück, um ihnen das Leben zu schenken. Am nächsten Tag legten sie wieder die Netze aus, und es geschah wieder dasselbe. So ging es noch einige weitere Male, bis schließlich die Schildkröten darum baten, bei den beiden bleiben zu dürfen. Sie wurden gerne aufgenommen und lebten von nun an bei den Fischersleuten.*

*Eines Tages forderten die Schildkröten den Fischer auf, ein Floß zu bauen, was dieser befolgte. Und am nächsten Tag kam eine sehr große Flut. Die beiden Schildkröten nahmen das Floß auf ihren Rücken, und der Fischer und seine Frau setzten sich darauf und flohen ins Landesinnere. Auf ihrem Weg stießen sie auf den Tiger, der sie um Aufnahme bat. Sie fragten zuerst die Schildkröten, diese stimmten zu. Auf ihrem weiteren Weg bat auch die Schlange darum, mitgenommen zu werden. Auch sie wurde erhört. Später traf die kleine Gruppe einen Menschen, der um Hilfe bat. Auch er wurde aufgenommen. Bald kamen sie in ein sicheres Gebiet und schlugen dort ihre Zelte auf. Die Tiere erfuhren von einer reichen Königstochter, worauf sich der Tiger zu ihr schlich und ihre Juwelen stahl, um sie den Fischersleuten aus Dankbarkeit zum Geschenk zu machen. Ohne zu wissen, woher der Tiger die Kostbarkeiten hatte, hüteten diese den Schatz. Doch die Freude währte nicht lange. Der Mensch bekam davon Kenntnis und machte dem Königshaus Meldung. Daraufhin wurden der Fischer und seine Frau gefangen genommen und für sehr lange Zeit eingesperrt. Als sie schon beinahe tot waren, schlich die Schlange zur Königstochter und spie ihr ins Gesicht, worauf sie das Augenlicht verlor. Der König war verzweifelt und setzte eine große Summe aus für denjenigen, der sie heilen konnte. Der Schlange gelang es, sich zu den Fischersleuten ins Gefängnis zu schleichen, und sie vertraute ihnen die Rezeptur für ein Gegenmittel an, das der Fischer dann dem König anbot. Die List gelang und die Fischersleute wurden daraufhin freigelassen und mit Kostbarkeiten überhäuft.*

Und hier die zweite Geschichte zum Thema *Maum:*

*Es lebten einmal zwei Brüder mit ihren Familien. Der eine war sehr klug und brachte es zu Reichtum, wollte aber alles für sich behalten. Der andere Bruder war arm, hatte aber ein gutes Herz. Als seine Frau einmal nicht wusste, wie sie die Familie ernähren sollte, weil kein Geld da war, ging sie zu ihrem Schwager, der sie abwies. Sie versuchte es bei dessen Frau, die gerade einen mit Reis gefüllten Topf vom Herd nahm. Auch sie lehnte ab zu helfen und schlug der armen Schwägerin sogar noch den Kochlöffel ins Gesicht, so dass der Reis an ihrer Wange kleben blieb. Sie wendete sich ab, aß aber von den Resten auf ihrer Wange, da sie so großen Hunger litt.*

*Als sie auf dem Rückweg war, fand sie eine verletzte Schwalbe. Sie nahm sie auf, versorgte ihr gebrochenes Bein und ließ sie wieder fliegen. Im Jahr darauf kam die Schwalbe wieder an den Ort ihrer Genesung und ließ einen Kürbissamen fallen, der zu einer großartigen Ernte für die arme Familie führte. Alle Kürbisse enthielten nicht nur neue Samen, sondern reines Gold. Der Bruder des Bauern konnte es nicht glauben, als er die Geschichte hörte, beschloss aber, einen Versuch zu unternehmen, um noch reicher zu werden. Er schnappte sich eine Schwalbe, brach ihr das Bein, um sie gleich darauf gut zu versorgen und wieder fliegen zu lassen. Auch dieser Vogel kam im nächsten Jahr mit einem Kürbissamen zurück, und es wuchsen viele neue Pflanzen. Als die Familie den ersten Kürbis erntete und aufsägte, bekam sie einen großen Schrecken, denn er enthielt kein Gold,*

*dafür quoll unaufhörlich Ungeziefer aus jeder geöffneten Frucht. Die Familie verarmte daraufhin.*
*Der Bruder, den sie so schmählich behandelt hatte, aber half, weil er das Leid seiner Verwandten nicht mit ansehen konnte. Und am Ende feierten alle Versöhnung und lebten glücklich und zufrieden.*

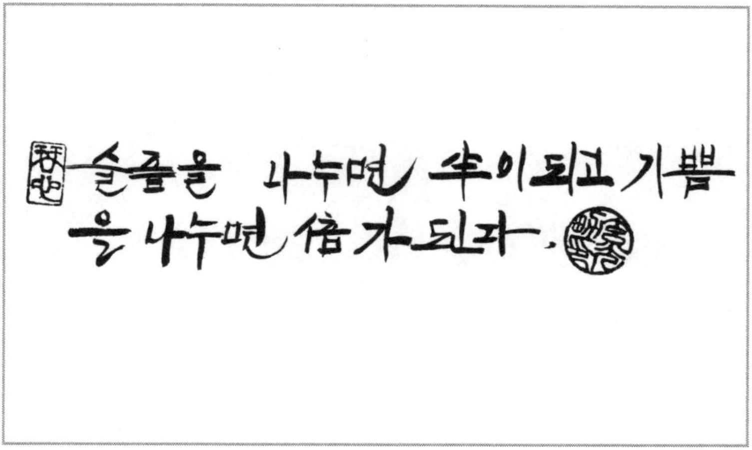


Geteiltes Leid ist halbes Leid.
Geteilte Freude ist doppelte Freude.

## 10:
# Liebe ohne Bedingung

*Liebe ist ein Juwel, das man nicht mit den Augen, sondern nur mit dem Herzen sehen kann.*

*Um* und *Yang* gehören zusammen. Dies zeigt sich auch in unserer natürlichen Körpersprache. Wenn wir bedenken, dass unsere linke Körperhälfte *Um* zugehört und die rechte *Yang*, so verwundert es nicht, dass wir, wenn wir uns freuen oder unseren Beifall kundtun wollen, in die Hände klatschen. Wir führen sozusagen *Um* und *Yang* zusammen und erzeugen damit Energie. Diese Körpersprache ist in Ost und West dieselbe.

Wo Sonne ist, da ist auch Schatten. Um dies zu verstehen, ist keine höhere Philosophie nötig. *Um* und *Yang* gehören zusammen wie Vorder- und Rückseite einer Münze. Unterschiede sollten nie gegeneinander stehen, sondern zusammen eine Einheit bilden: Helligkeit assoziieren wir mit »leicht«, »schnell«, »glücklich«; Dunkelheit mit »schwer«, »langsam«, »sicher«. Alles ist gleichgewichtig. Schwarz und Weiß sind zwar Kontraste, passen aber gut zusammen. Sie sind verschieden, aber gleichwertig. So sollten wir auch die Hautfarben der Menschen auf unserer Erde betrachten, die auf die klimatischen Verhältnisse zurückzuführen sind und nichts über den Wert eines Menschen aussagen. Um gut miteinander zu leben, sind gegenseitige Achtung und Respekt nötig. Und wir müssen vor allem eines überwinden: unser Konkurrenzdenken. Unterschiede sind für unser Leben wichtig. So ist zum Beispiel Vielfalt in der Ernährung wünschenswert und gesund. Also sollten wir uns auch über die Vielfalt der Menschen freuen und die Unterschiede als etwas Positives anerkennen. Dies ist die wesentlichste Voraussetzung für Liebe und Freundschaft. Dort, wo im Meer kalte und warme Strömungen aufeinander treffen, sind besonders viele Fische zu finden. Dieses Beispiel zeigt uns besonders schön, wie wichtig Unterschiede sind und dass etwas Positives und Fruchtbares entstehen kann, wenn sie vereint werden.

Am deutlichsten wird dies in der Liebe zwischen Mann und Frau, wenn männliche und weibliche, geistige und körperliche Energie – wir können auch sagen: *Um* und *Yang* – miteinander verschmelzen. Das *Maum* der Liebenden steht nicht gegeneinander, sondern bildet eine Einheit. Lieben heißt verstehen. Ein warmes, ruhiges *Maum* führt dazu, dass wir den anderen annehmen, wie er ist, und uns selbst dem anderen zeigen, wie wir sind. Es ist eine alte Weisheit, die aber heute noch genauso gültig ist: Körperliche und geistige Liebe führt zu Zufriedenheit und Glück.

Unser Körper ist sehr viel weicher als Holz und noch weicher als Metall. Aber unsere Lebensenergie, gepaart mit der Kraft der Liebe, lässt uns zuvor ungeahnte, wunderbare Kräfte entwickeln. Durch die Liebe fühlen wir uns lebendig, sie ist ein sehr deutliches menschliches Lebenszeichen.

Das, was zwischen zwei Menschen entsteht und sich fortentwickelt, nennen wir in Korea *In Gan*. Kinder werden geboren und wachsen heran, bilden erneut Familien, die sich vergrößern und die letztendlich unsere menschliche Gesellschaft ausmachen. Damit kleine und große Gemeinschaften gut funktionieren, bedarf es der Liebe oder *Sa rang*, wie wir in Korea sagen. *Sa rang* erfordert Geben und Nehmen, ein reines *Maum* und Freundschaft. Der Grund, weshalb vielerorts Unfrieden und Krieg herrschen, ist das Fehlen von *Sa rang*. Hass wirkt sich immer zerstörerisch aus. Wenn wir ihn nicht überwinden durch das ständige Bemühen, mit uns und unseren Mitmenschen im Reinen zu sein, Fehler verzeihen lernen und einsehen, dass wir nicht alles haben können, was wir begehren, werden wir uns selbst zerstören. Wir können uns noch so gut ernähren – wenn wir hassen, hilft uns das beste Essen nicht, gesund zu bleiben. Hüten wir dagegen die Liebe wie einen Schatz im Herzen, ist dies die beste Voraussetzung für ein gutes Leben.

Begegnen wir unseren Angehörigen, Freunden, Kollegen und Nachbarn – überhaupt allen unseren Mitmenschen – freundlich und warmherzig, erzeugt dies beruhigende, gute Gefühle, auch in uns selbst. Wenn wir Menschen, die unzufrieden, traurig oder unglücklich sind, Liebe schenken, blühen sie auf wie Pflanzen, die nach einer Zeit der Trockenheit gegossen werden. Riskieren Sie zum Beispiel öfter ein Lächeln, sprechen Sie ruhig und verständnisvoll mit anderen, sehen Sie Ihr Gegenüber freundlich an und zeigen Sie Anteilnahme. Oft sind es die kleinen Dinge, die wahre Wunder bewirken. Lieben heißt auch, anderen Vorteile geben, sie unterstützen, ihnen Gesundheit und Glück wünschen. So entsteht gute Energie, die in Verbindung mit *Maum* weiterwirken kann. Wir können andere glücklich machen und auf diesem Weg mehr Freude und Wohlergehen in unsere Umgebung bringen. Bedingungslose Liebe ist wie ein Schatz, den man erst in sich selbst suchen und entdecken muss. Ihn dann mit anderen zu teilen macht das Leben reicher und schöner. Wir bekommen ein reineres *Maum* und eine heitere Grundstimmung. Lieben heißt nicht verlangen, sondern geben.

Eine harmonische Verbindung nicht nur zwischen Mann und Frau, sondern zwischen den Menschen insgesamt führt zu mehr Glück. Und das Empfinden von Glück ist für die Gesundheit ganz wesentlich, da es unser Immunsystem stärkt und somit vielen Krankheiten vorbeugt. Unser Leben wird durch Liebe gut.

*Nachbemerkung:*

Asiaten sind meistens sehr praktisch veranlagt. Folgende »Liebesgeschichte« veranschaulicht dies:

*Eine Frau stellte ihrem Mann folgende Frage: »Wen würdest du nach einem Sturz von der Brücke zuerst retten, deine Mutter oder mich?« Der Mann überlegte lange und sagte dann: »Meine Mutter.« Die Frau war daraufhin sehr enttäuscht und wollte sich scheiden lassen. Doch der Geistliche, bei dem sie Rat suchte, beschwichtigte sie mit den Worten: »Überlege, eine Mutter gibt es nur einmal auf der Welt. Aber einen Partner findet man nach dessen Tod eventuell wieder. Und merke dir: Am besten ist es, du lernst selbst schwimmen, dann erübrigt sich diese Frage.«*

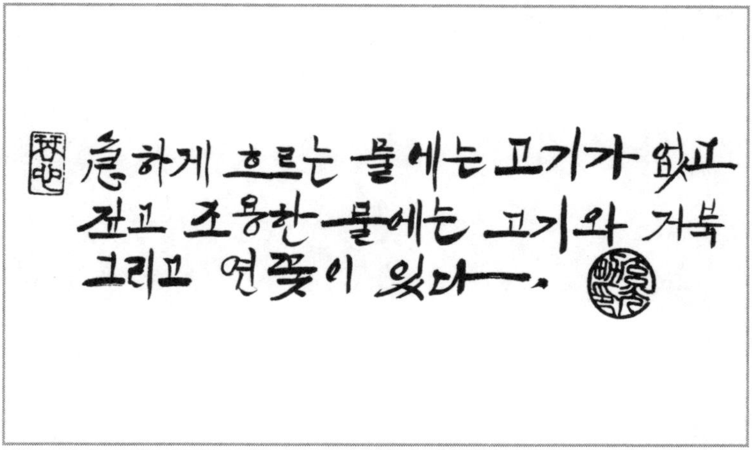


In reissendem Wasser leben keine Fische.
In tiefem, ruhigem Wasser leben Fische,
Schildkröten und Lotosblumen.

# 11: Gut leben im Alter

*Wer nicht siegen will,*
*kann nicht verlieren.*

Will man älteren Menschen eine Freude machen, begrüßt man sie mit den Worten: »Sie sehen aber jung aus.« Das zeigt uns, wie sehr Jugend und Jugendlichkeit in unserer Zeit geschätzt werden. Kaum jemand will altern, geschweige denn alt sein. Aber es ist nun einmal der Lauf der Natur, dass wir nicht auf Dauer jung bleiben. Damit sollten wir uns abfinden. Bereits mit dem Erwachsenwerden beginnt der Alterungsprozess. Wichtig ist nicht, dass wir immer jung sind, sondern dass wir möglichst lange gesund bleiben. Ein gleichmäßiger Lebensrhythmus, wie wir ihn in der Natur beobachten können, hilft uns dabei. Morgens geht die Sonne auf, wir werden wach. Wir sind hungrig, brauchen Nahrung und gehen unserer Arbeit nach. Wenn die Sonne untergeht, kommt die Müdigkeit und wir sehnen uns nach Schlaf. Dies ist der natürliche Rhythmus unseres Körpers. Ein unregelmäßiges Leben schadet uns, ganz besonders im Alter, denn es strengt uns an und fördert Krankheiten. Besonders wenn sich das gewohnte Leben ändert, zum Beispiel mit dem Eintritt ins Rentenalter, sollten wir auf Regelmäßigkeit im Tagesablauf achten.

Um einem schnellen Alterungsprozess vorzubeugen, ist es gut, das Gehirn zu trainieren und eine positive Lebenseinstellung zu pflegen. Gute Gedanken sind Balsam für unser *Maum*. Wenn wir nicht mit dem, was wir im Leben erreicht haben, prahlen, sondern anderen Anerkennung, Lob und Trost spenden, uns für empfangene kleine und größere Hilfsdienste herzlich bedanken, stärken wir unser *Maum* und beleben gleichzeitig den Kontakt zu unseren Mitmenschen.

Meistens geht mit dem Beginn des Rentenalters ein körperlich-geistiger Stillstand einher. Die Funktionen von Gefäßen, Gelenken, Muskeln und Knochen sind nicht mehr so gut wie in jüngeren Jahren, und auch die Seh- und Hörfähigkeit nimmt mit der Zeit ab. Durch zu geringe geistige Aktivität verschlechtert sich auch die Denk- und Erinnerungsfähigkeit. Das müssen wir aber nicht tatenlos hinnehmen.

Auch ältere Menschen können Körper und Geist wirksam

trainieren. Durch Bauchatmung (siehe Schlüssel 7) kann man den Fluss seiner Lebensenergie verbessern und Stress abbauen oder vermeiden. Auch der Aufenthalt in der Natur fördert die körperliche und geistig-seelische Gesundheit. Spaziergänge mobilisieren außerdem Muskeln und Gelenke. Die Herz-Kreislauf-Funktion kommt in Gang und der Stoffwechsel wird verbessert. Körper und *Maum* erholen sich und schöpfen frische Kraft. Mäßiges, ausgewogenes und leicht verdauliches Essen sowie sinnvolle und ruhige Beschäftigungen, leichtes Körpertraining und mäßiger Genuss sind ganz besonders im Alter die besten Helfer für ein gesundes, langes Leben. Durch eine solche Lebensführung ist der Körper frei von Ablagerungen. Sauberes Blut kann besser zirkulieren und die Organe mit Sauerstoff und anderen lebensnotwendigen Stoffen versorgen. Der Alterungsprozess verzögert sich, wenn Körper und *Maum* trainiert, aber nicht überbelastet werden.

Das Alter kann schön sein, wenn man die Zeit nutzt, etwas für seine Gesundheit zu tun, und sich engagiert, zum Beispiel sozial. Wer Freundschaften und Hobbys pflegt, altert weniger schnell. Vor allem das Gehirn dankt es uns, wenn wir es so oft wie möglich benutzen. Nur dann wird es gut durchblutet, unsere Lebensqualität erhöht sich und unsere Stimmungslage wird angehoben.

Selbst wer körperlich eingeschränkt ist, geistig aber rege bleibt, kann sein Befinden durch geistige Beweglichkeit wesentlich verbessern. Auch eine positive innere Einstellung lässt uns gesund bleiben, wie auch der Kontakt zu jungen Menschen. Wer denkt: »Ich bin alt«, ist es auch, denn unser Denken wirkt auf unser *Maum*. Pflege ich gute, positive Gedanken, freut sich mein *Maum*, mein Herzschlag ist regelmäßig und meine Verdauung gut. Es nützt wenig, nur den Körper zu pflegen. Ausschlaggebend ist unser *Maum*. Leider bauen viele Menschen ihre Sorgen nicht ab. Ihre Hände und Füße sind meist kalt, ihr *Maum* ist in Aufruhr. Sobald es beruhigt wird, werden auch Hände und Füße warm.

Besitz und Eigentum spielen oft eine zu große Rolle im Leben. Konzentrieren Sie sich vor allem im Alter nicht darauf. Wenden Sie Ihre Aufmerksamkeit stattdessen Ihren Mitmenschen zu. Unterstützen Sie Ihren Partner, Familienangehörige oder Freunde und schenken Sie ihnen Geborgenheit. Ein warmes Herz ist Ihnen sicher. Wenn Sie allein sind, bemühen Sie sich um gute Gedanken. Meditation (siehe Schlüssel 8) ist ein hilfreiches Mittel, *Maum* zu beruhigen und zu einer heiteren Lebenseinstellung zu finden.

Fasten hilft, den Körper zu reinigen. Voraussetzung ist, dass wir es bewusst tun und sich unser *Maum* darauf einstellt. Es ist ein Unterschied, ob wir aus Not nichts essen, oder ob wir bewusst eine Zeit lang auf Nahrung verzichten. Im einen Fall kann es tödlich sein, im anderen der Gesundheit dienen. Denn unsere Psyche beeinflusst den Körper und seine Funktionen. Deshalb ist es so wichtig, die körperlichen und geistig-seelischen Lebensgewohnheiten zu prüfen und zu pflegen und einen natürlichen Rhythmus zu finden.

Wer wirklich bis ins hohe Alter gesund sein will, muss auf seinen Körper, sein *Maum* und auf seine Lebensgewohnheiten achten.

Bescheidenheit und ein lächelndes Herz lassen uns im Alter den Alltag besser meistern und machen uns glücklich.

Anschließend möchte ich Ihnen eine Geschichte aus meiner Heimat zum Thema Alter erzählen.

*Vor sehr langer Zeit gab es in Korea ein Gesetz, das vorschrieb, dass alle, die das 60. Lebensjahr erreichten, von ihren Familien lebendig begraben werden sollten. So wollte man einer Überalterung des Volkes entgegenwirken. Zuwiderhandlungen wurden strengstens bestraft. Für die Menschen war es sehr schwer, dieses Gesetz einzuhalten, aber sie fügten sich in ihr Schicksal. Nur einer, der sich nicht damit abfinden wollte, versteckte seinen Vater, kurz bevor dieser 60 Jahre alt wurde. Er baute ihm einen Raum unter*

*der Erde und versorgte ihn mit Essen und allen notwendigen Dingen.*
*Eines Tages kam eine Abordnung des Königs durch das Dorf und ließ bekannt machen, dass der, der ein bestimmtes Tier benennen und von einem besonderen Stück Holz die Wurzelseite herausfinden konnte, reich belohnt werde. Der junge Mann, der seinen Vater versteckt hielt, eilte zu diesem, da keiner von den jungen Leuten eine Antwort wusste. Der Vater ließ sich das Tier genau beschreiben und trug dem Sohn auf, einen Test zu machen. Man solle eine Katze holen und sie diesem Tier gegenüberstellen. Wenn die Katze es angriff, sei es eine Ratte. Und was das Stück Holz betraf, so solle man es in den Fluss werfen und schauen, welches Ende in der Strömung nach vorne zeigte, dies sei das leichtere. Das andere sei das Wurzelstück. Der Sohn dankte dem Vater und ging mit dessen Wissen zu der königlichen Abordnung. Er sollte für sein Wissen sehr viel Gold erhalten, lehnte jedoch ab und gestand stattdessen, dass er seinen Vater versteckt hielt und dieser ihm die Antworten auf die Fragen gegeben habe. Anstelle des Goldes bat er um ein Leben seines Vaters in Freiheit.*
*Nachdem die Abordnung dem König davon berichtet hatte, wurde das grausame Gesetz aufgehoben. Und seither werden in Korea alte Menschen besonders verehrt.*

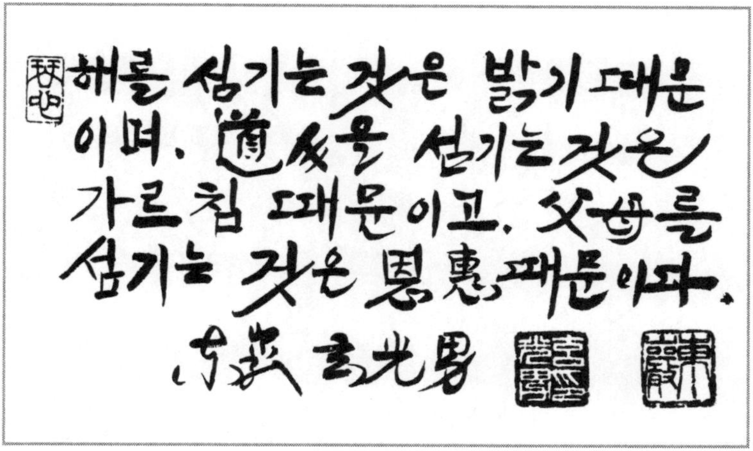


Die Sonne wird verehrt wegen ihres Lichts.
Der Weise wird verehrt wegen seiner Lehre.
Die Eltern werden verehrt aus Dankbarkeit.

## *Exkurs:*
## *Alter und Gesellschaft*

Irgendwann machen wir uns alle Gedanken über das Älterwerden, manche früher, manche erst kurz vor dem Ruhestand. Doch das Altern betrifft nicht nur den Einzelnen, sondern unsere ganze Gesellschaft, in der immer mehr ältere und immer weniger junge Menschen leben. Die medizinische Entwicklung und das zunehmende Gesundheitsbewusstsein machen es möglich, dass mehr Menschen alt, ja sogar sehr alt werden. Durch den gleichzeitigen Geburtenrückgang wird es – zumindest in den hoch entwickelten Gesellschaften – zu einem unausgeglichenen Verhältnis von Jung und Alt kommen.

Fast jeder wird einmal alt. Deshalb lohnt sich auch für jeden die gedankliche Auseinandersetzung mit der Frage, wie die Zukunft einmal aussehen wird. Man kann sich seinen Tod nicht wählen, aber man kann das Älterwerden sinnvoll gestalten, denn wir haben durchaus Einfluss darauf, ob wir schnell oder langsamer altern. Neben einer gesunden Lebensführung, die den Körper fit hält, ist auch ein gutes Verhältnis zu den Mitmenschen notwendig, um gesund zu bleiben. Die Liebe innerhalb der Familie und Partnerschaft, ein guter Kontakt zu Nachbarn und Freunden sowie das ständige Bemühen darum, hält uns länger jung und gesund. Aber wir sollten dabei nicht nur uns und unsere Nächsten im Auge haben, sondern auch an die Gesellschaft denken, in der wir leben. Alte Menschen werden heute nicht mehr so geachtet, wie dies früher der Fall war. Dabei sollten wir uns im Klaren darüber sein, dass wir dies ändern müssen, wenn wir künftig in Frieden leben wollen. Erfahrung und Wissen der Älteren nützen uns. Wir dürfen sie nicht unbeachtet lassen. Wenn alte Menschen nicht in die Gesellschaft integriert werden, verlieren sie jeden Lebenssinn und fallen sich selbst und anderen zur Last. Sinnvolle Aufgaben, das Wohlwollen und der Respekt der Jüngeren sind für ein gutes Zusammenleben unerlässlich.

Der Mensch ist ein Kind der Natur und das Kind seiner Eltern. Wir sollten also der Natur und auch den Eltern bzw. unseren Vorfahren dankbar sein, dass wir leben, und sie deshalb respektieren und achten. Dort, wo Familienzusammenhalt, Freundschaft und gute Nachbarschaft funktionie-

ren, sind die Menschen glücklich. Wenn wir die Alten ausgrenzen, wird dies zu unserem eigenen Schaden sein.
Es ist nötig, zu einer erneuerten Ethik zu finden. Ansätze dafür gibt es viele. Da ich aus Asien komme, bin ich von der konfuzianischen Tradition geprägt. Es lohnt sich auch für Europäer, darüber nachzudenken, was die vor gut zweieinhalbtausend Jahren aufgestellten Regeln uns heute noch sagen können. Es ist selbstverständlich, dass sie an unsere heutigen Lebensgewohnheiten und sozialen Errungenschaften angepasst werden müssen, aber eine gedankliche Auseinandersetzung mit ihnen ist in jedem Fall ein Gewinn:

*Samgang* sind die drei grundlegenden Arten der Beziehung in der konfuzianischen Ethik: die Beziehung zwischen Fürst und Untertan, zwischen Vater und Sohn und zwischen Mann und Frau.
*Oryun* sind die fünf Prinzipien, die der Mensch im Umgang mit anderen befolgen soll: die Treuepflicht und Gerechtigkeit zwischen Fürst und Untertan, Wohlwollen und Achtung zwischen Vater und Sohn, Aufteilung der Rollen zwischen Mann und Frau, Ordnung nach Jahren zwischen Jung und Alt und Treue zwischen Freund und Freund, die sich folgendermaßen darstellen:

1. Die Güte des Herrschers – die Loyalität der Untertanen
2. Die Liebe des Vaters – die Achtung des Sohnes
3. Das Wohlwollen der Älteren – die Ehrfurcht der Jüngeren
4. Die Gerechtigkeit des Mannes – der Gehorsam der Frau
5. Die Treue des Freundes – die Treue des Freundes

In unserer modernen Gesellschaft haben wir keinen »Herrscher« und auch keine »Untertanen« mehr. Aber dennoch ist der Einzelne der Gemeinschaft verpflichtet und die Gemeinschaft dem Einzelnen, um das Gemeinwohl zu erhalten und in Frieden miteinander zu leben. Die Liebe des Vaters zum Sohn würden wir heute durch die »Liebe der Eltern zu den Kindern« und die Achtung des Sohnes durch die »Achtung der Kinder« ersetzen. Vor allem der vierte Punkt erscheint uns heute nicht mehr zeitgemäß. Aber er gibt uns Anlass, über das Verhältnis der Geschlechter zueinander nachzudenken. Nach dem Gesetz sind Mann und Frau heute gleichgestellt, und das ist gut so. Für ein glückliches und funktionierendes Zusammenleben sind Gerechtigkeit und Respekt unerlässlich. Wir erwarten dies heute von beiden Partnern auf gleiche Weise. Gehorsam sollten wir durch gegenseitige Kompromissbereitschaft ersetzen. Schaffen wir dies, steht unser Familienleben unter einem guten Stern.

Die Prinzipien des Konfuzius scheinen also nur auf den ersten Blick veraltet. Wenn wir sie auf unser heutiges Leben beziehen und sie dementsprechend interpretieren, sind sie genauso wertvoll wie zu seiner Zeit. Auch wenn wir sie nicht im wörtlichen Sinne annehmen, können wir doch an ihnen unsere Urteils- und Entscheidungskraft, unsere Denkfähigkeit, unsere Selbstbeherrschung und unsere Fähigkeit zum Mitgefühl schulen. Und dies alles brauchen wir dringend für unser heutiges und zukünftiges Zusammenleben.

Das Wissen und die Erfahrung älterer Menschen wird zu wenig geschätzt. Doch auf die Dauer kann sich dies keine Gesellschaft leisten. Zwar sind ältere Menschen der schnellen technischen Entwicklung oft nicht mehr so gewachsen wie jüngere, aber sie können aufgrund ihrer Erfahrung in den meisten Fällen Probleme besser lösen.

Dazu habe ich zwei koreanische Geschichten für Sie ausgewählt.

*Vor sehr vielen Jahren gab es Schwierigkeiten zwischen dem großen China und Korea. China beanspruchte das Wasser des Flusses Han Gang, das für die Koreaner lebenswichtig war. Man suchte nach einer Lösung, einen Krieg zu vermeiden. Im ganzen Land überlegten sich die Menschen,*

*was man tun könnte. Man brauchte das Wasser, aber es gab keine andere Quelle.*
*Schließlich hatte eine alte Frau die rettende Idee: Sie schlug vor, China das Wasser des Flusses Han zu geben, aber nur unter der Bedingung, dass es den passenden Topf dafür liefere.*

Und jetzt die andere Geschichte:

*Vor langer Zeit war es üblich, dass eine junge Frau nach der Heirat in den Haushalt der Schwiegermutter kam und dieser untergeordnet war. Das führte oftmals zu großen Problemen, besonders wenn diese der Frischvermählten kein Wohlwollen entgegenbrachte. So erlebte es eine junge Frau, die von der älteren nicht gut behandelt wurde. Nichts konnte sie der Schwiegermutter recht machen, und schließlich hegte sie Mordgedanken. Sie reiste zu ihrer eigenen Mutter, um diese nach einer sicheren Methode zu fragen. Diese hörte ihre Tochter ruhig an, tröstete sie und gab ihr dann den Rat, jeden Tag mit Sorgfalt Lotuswurzeln und Bohnen für die Schwiegermutter zu kochen und ihr aufzutischen. Dies werde mit Sicherheit helfen. Und so bereitete die Tochter jeden Tag aufopfernd die besten Lotus- und Bohnengerichte. Doch es geschah nicht das Erwartete, son-*

*dern im Gegenteil. Die Schwiegermutter wurde mit der Zeit der jungen Frau gegenüber freundlicher und anerkennend. Schließlich nahm sie sie wie eine eigene Tochter an und schloss sie ins Herz.*

Alte Menschen haben mehr Wissen und Erfahrung. Deshalb haben sie Anspruch auf Aufmerksamkeit und Respekt. Die Mutter wusste dies, aber sie wusste auch, wie man *Maum* beruhigen und den Körper entgiften kann, was auch zu einer besseren Stimmungslage der Schwiegermutter führte.

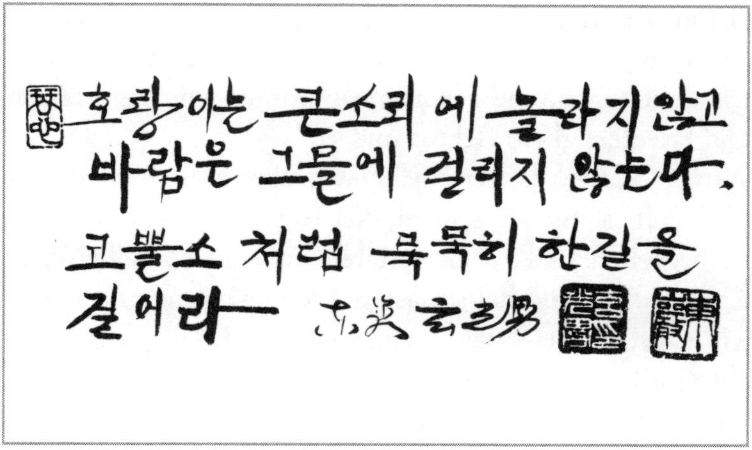


Der Tiger erschrickt nicht vor Gebrüll.
Der Wind lässt sich von einem Netz nicht aufhalten.
Die Lotosblume wird selbst durch unreines Wasser nicht schmutzig.
Das Nashorn geht unbeirrt seinen Weg.

Zum Alter gehört notgedrungen auch der Tod, denn das Leben ist wie fließendes Wasser, das nur eine Richtung kennt. Alles auf Erden hat seinen Gegensatz beziehungsweise seine Entsprechung: Zum Tag gehört die Nacht, zur Bewegung der Stillstand, zur Klarheit die Wirrnis; Weisheit und Unwissenheit gehören genauso zusammen wie Aggression und Friedfertigkeit, Geburt und Tod.

Wir alle wissen, dass wir nicht ewig leben können, und dennoch fällt es uns sehr schwer, den Tod als etwas Natürliches zu begreifen und zu akzeptieren. Es sind vor allem vier Ängste, die uns deshalb belasten: Wenn wir jung sind, haben wir Angst, alt zu werden; wenn wir alt sind, haben wir Angst vor Krankheiten, und wenn wir krank sind, fürchten wir den Tod; sterben wir, haben wir Angst vor der Trennung vom Leben, von Angehörigen und Freunden. Wir wissen nicht, was uns erwartet, wie sich unser Leben entwickelt, und somit auch nicht, wann und wie der Tod kommt. Damit sollten wir uns abfinden und unser Leben mit Zuversicht gestalten, denn wir haben nur das eine. Wer sich bemüht, ein gutes, erfülltes Leben zu führen, in dem auch für andere Platz ist, hat weniger Angst vor dem Tod. Stirbt jemand, den wir lieben, sind wir traurig. Doch der Tod gehört zu unserer Natur. Deshalb sollten wir Angst und Trauer besiegen, sonst schädigen wir unseren Körper und unser *Maum*.

Lachen macht das Leben schöner.

# 12: Lachen, der Gesang der Seele

*Durch Lachen kommt das Glück zu uns.*

Lachen ist die einfachste Gesundheitsmethode, die ich kenne. Es weckt glückliche Gefühle, sorgt für eine heitere Grundstimmung und ist absolut kostenlos. In meiner Heimat gibt es ein altes Sprichwort über das Lachen, dem ich immer wieder gerne beipflichte:
*Il So Il So, Il Lo Il Lo.* Das bedeutet: »Einmal lachen, einmal jung; einmal ärgern, einmal alt.«
Lachen macht nicht nur glücklich, sondern hält uns auch jung. Es ist ein bewährtes und sogar wissenschaftlich anerkanntes Anti-Stress-Mittel und wirkt sich positiv auf Herz und Kreislauf aus. Aber auch alle anderen Organe werden wegen der verstärkten Sauerstoffaufnahme und des Massageeffektes durch Lachen in ihrer Funktion angeregt. Insge-

samt stabilisiert Lachen auch unser Immunsystem und verbessert die Konzentration – und es macht uns unternehmungslustig, weil es alle unsere Sinne in Schwung bringt.
Sie denken jetzt vielleicht: »Ich habe aber oftmals gar nichts zu lachen.« Aber gerade dann, wenn Sie gestresst sind oder Sorgen haben, sollten Sie es tun. Genauso wenn Sie keine Zeit haben, sich ausgiebig zu bewegen. Lachen Sie einfach öfter aus vollem Herzen. Damit wecken Sie die Lebensgeister von Körper und *Maum*. Absichtliches Lachen ist zugegeben etwas ungewöhnlich, aber trauen Sie sich einfach. Fangen Sie lieber heute als morgen damit an. Haben Sie keine Angst! Es hat sich noch niemand totgelacht.
Vielleicht probieren Sie es zusammen mit Freunden aus. Denn Lachen ist ansteckend. Holen Sie einfach tief Luft und legen Sie los. Ihr Körper und Ihr *Maum* freuen sich.
Folgende Übung, die ich oft mit meinen Schülern mache, lockert und aktiviert Körper und Geist. Am besten üben Sie mit einem Partner, aber auch das eigene Spiegelbild eignet sich gut.

Zunächst reiben Sie Ihre Hände gegeneinander bis sie warm sind, anschließend dann das Gesicht und den Nackenbereich. Atmen Sie tief ein und schnell mit einem Stoß wieder aus. Lockern Sie durch Bewegungen Ihren Kiefer und die Lippen. So vorbereitet stellen Sie sich vor Ihr Gegenüber (oder den Spiegel). Schauen Sie Ihrem Partner in die Augen und lachen Sie. Zwei Minuten sollten Sie durchhalten. Geben Sie nicht gleich auf, wenn Ihnen der Bauch wehtut. Es braucht etwas Übung, vor allem wenn Ihre Muskeln noch verkrampft sind. Dieses »Ganzkörperlachen« ist wie Elektrizität. Ihre Lebensenergie kann ungehindert fließen, Ihre Brust weitet sich und Ihre Psyche freut sich.

Vor einem Zahnarzttermin mache ich grundsätzlich immer Lachübungen, weil Lachen auch das Schmerzempfinden und die Angst verringert.
Viele Menschen sind morgens schlecht gelaunt und kaum ansprechbar. Das liegt oftmals an einem zu niedrigen Blutdruck. Wenn Sie zu diesen »Morgenmuffeln« gehören, hilft Ihnen der »lachende Käfer«, damit Sie sich in Zukunft wohlgelaunt mit einem Lächeln an den Frühstückstisch setzen können:

Legen Sie sich auf den Rücken und strecken Sie Beine und Arme in die Höhe, schütteln Sie Hände und Füße zwei Minuten lang kräftig. Hand- und Fußgelenke bleiben dabei angespannt. Und nun lachen Sie ausgiebig dazu. Durch regel-

mäßiges Üben reguliert sich der Blutdruck und Sie werden merken: Jeder Morgen kann schön sein.
Wenn Sie zunächst doch noch einen Grund zum Lachen brauchen, hilft Ihnen vielleicht das folgende Märchen, das nicht nur in meiner Heimat die Menschen zum Lachen bringt.

*Ein Bauer hatte eine überaus hübsche Frau, die er eifersüchtig bewachte. Seine Angst war groß, dass sie ihm während seiner Abwesenheit untreu sein könnte. So schlug er sie jeden Morgen, bevor er zur Arbeit aufs Feld ging. Die Frau weinte jedes Mal sehr, und wenn er abends wieder zurückkam, bat er sie verzweifelt um Verzeihung.*
*Eines Tages machte der König mit seiner Familie Halt in dem Dorf und fragte die Frau, ob sie einen Arzt kenne, der seiner Tochter helfen könne. Sie habe eine Fischgräte verschluckt und sei dem Ersticken nahe. Die Frau überlegte und sagte dann, ihr Mann sei Arzt. Aber sie sei sicher, er würde es nicht zugeben. Man müsse ihn daher erst anständig verprügeln, dann würde er schon helfen. Sie wies der Familie den Weg zum Feld, wo ihr Mann arbeitete. Und es kam so, wie sie sagte. Der Bauer verneinte die Frage, ob er Arzt sei, und bezog daraufhin Schläge. Nachdem die Prügel nicht aufhören wollten, »gestand« er und überlegte, was zu tun sei. Er wies an, ein Zimmer stark einzuheizen, dann sollten*

*alle gehen, nur er würde mit der Königstochter zurückbleiben. Er befahl ihr daraufhin, die kostbaren, unbequemen Kleider abzulegen, zog sich selbst aus, machte die tollsten Grimassen und sprang wie ein junges Kalb im Zimmer herum. Die Königstochter konnte sich vor Lachen kaum mehr halten, ja sie schrie vor Vergnügen über die komischen Späße des Bauern – und siehe da – die Gräte flog im hohen Bogen aus ihrem Hals! Sie war geheilt. Und der Bauer wurde belohnt und erhielt eine Stelle als königlicher Leibarzt.*
*Im Königshaus angelangt, wurden ihm die Bediensteten vorgestellt, die sich in letzter Zeit in großer Zahl krankgemeldet hatten. Er besah sie sich und überlegte lange. Wie bei seiner ersten »heilkundigen« Tat ließ er ein Zimmer stark heizen und sagte dann, dass der am schwersten Erkrankte verbrannt werden solle. Seine Asche sei dann die Medizin für die anderen. Dieses Mittel sei unschlagbar und würde Wunder wirken. Einer nach dem anderen verließ daraufhin das Zimmer und ging wieder seiner Arbeit nach. Der König war hoch zufrieden mit seinem neuen Arzt.*

Damit es Ihnen nie an Gründen zum Lachen oder Lächeln mangelt, habe ich für Sie zum Schluß 99 Sätze zusammengestellt, die Sie motivieren sollen, öfter zu lachen. Still vergnügt oder lauthals – gesund ist es immer.

☼ Lachen ist eine kugelsichere Weste gegen Stress.
☼ Lachen balanciert unsere beiden Gehirnhälften aus.
☼ Wer an Depressionen leidet, kann sein *Maum* durch Lachen aufhellen.
☼ Wer öfter lacht, hat ein stabiles Herz.
☼ S M I L E ist ein sehr langes Wort.
☼ Lächeln hebt die Mundwinkel.
☼ Ein herzliches Lachen macht von Schulden frei.
☼ Man kann nicht in lachende Gesichter spucken.
☼ Lächeln verbindet uns mit unseren Mitmenschen.
☼ Lachen vertreibt schlechte Laune.
☼ Lachen wirkt sich positiv auf Körper und Geist aus.
☼ Was für das Auto ein guter Brennstoff ist, ist für unseren Körper das Lachen.
☼ Wenn wir ins Paradies kommen wollen, brauchen wir ein reines *Maum*. Lachen reinigt es, und wir kommen unserem Ziel näher.
☼ Lachen gepaart mit Humor macht unser *Maum* leicht.
☼ Lächeln stellt leicht Kontakt her.
☼ Lachen ist gut für die Sexualität.
☼ Ein Lächeln dient der eigenen Freude und ist ein Geschenk an andere.
☼ Zum Geburtstag ein herzhaftes Lachen schenken macht glücklich.

- Lachen reinigt die Gedanken.
- Bei seelischen und körperlichen Schmerzen hilft uns absichtliches lautes Lachen.
- Fünfzig Prozent Lachen und Freude gepaart mit fünfzig Prozent körperlicher Bewegung ergeben das optimale Gesundheitstraining.
- Lachen macht die Muskeln geschmeidig und unser *Maum* hell.
- Das Gegenteil von Lachen ist Stress.
- Stress macht krank – Lachen macht gesund.
- Gutes Essen und viel Lachen ersetzt den Arzt.
- Das lächelnde Gesicht des Arztes ist wichtiger als die genaue Erklärung der Krankheit.
- Eine gute Unterhaltung wird schöner durch Lachen.
- Gute Nachbarschaft verlangt nach einem lächelnden Gesicht.
- Im Wettkampf müssen wir nicht immer siegen. Besser ist es, öfter zu lachen und dadurch gesund zu bleiben.
- Lächeln und Humor bringen uns anderen näher.
- Ein gutes *Maum* bringt viele gute Emotionen hervor, die sich in einem Lächeln oder Lachen äußern, das wie ein Echo auf den Körper wirkt und ihn vor Freude tanzen lässt.
- Lachen ist ein Geschenk Gottes.

☼ Wir haben das Lachen von der Sonne gelernt.
☼ Um zu wissen, ob das Essen schmeckt, müssen wir es probieren. So ist es auch mit dem Lachen. Wir merken erst, dass es uns bekommt, wenn wir es tun.
☼ Lachen braucht Übung – wie das Autofahren.
☼ Durch Lachen kommt das Glück zu uns.
☼ Lächeln und Lachen erhellt unser *Maum*. Ein böses Gesicht verdunkelt es.
☼ Ein gutes *Maum* zeigt sich in einem lächelnden Gesicht.
☼ Lachen pflegt unsere Gesichtsmuskeln.
☼ Wenn sich Arzt und Patient auf eine Behandlung mit herzhaftem Lachen vorbereiten, gleicht sich ihr *Maum* an und fördert so das gegenseitige Vertrauen.
☼ Lachen ist wie eine musikalische Dusche, die vom Gehirn ausgeht und den ganzen Körper erfasst.
☼ Lachen löst schlechte Laune, depressive Verstimmungen, Traurigkeit und Ärger auf.
☼ Lächeln und Lachen sind kostenlos.
☼ Lachen ist die beste Visagistin.
☼ Wer lacht, hat keine schlechte Laune.
☼ Lachen regt den Stoffwechsel an.
☼ Lachen hilft, schlechte Gefühle zu »verdauen«.
☼ Lachen ist die beste Kosmetik.

- Wer sich überzeugt hat, dass Lachen gut ist, sollte es möglichst schnell lernen und es sich zur Gewohnheit machen.
- Wer glücklich ist, lacht. Das gilt auch umgekehrt: Lachen macht glücklich.
- Unser Körper wird geschmeidig durch Stretching – unser *Maum* entspannt sich durch Lachen.
- Eine Minute lachen hat denselben Effekt wie einen Kilometer joggen.
- Lachen wirkt gegen Erkältungen.
- Ein Lächeln kostet nichts, aber den anderen freut es.
- Lachen ist besser als Schweinefleisch essen. (Türkisches Sprichwort)
- Tränen, die man lacht, braucht man nicht zu weinen.
- Wenn Gefühle und Verstand im Gleichgewicht sind, sendet unser *Maum* ein Lächeln aus.
- Lachen löst in unserem Körper eine chemische Reaktion aus. Es wirkt wie »inneres Jogging«.
- Lachen ist eine gute Bauchmassage.
- Tränen lachen entspannt unser *Maum*.
- Ob unser Immunsystem durch Lachen gestärkt oder geschwächt wird, hängt von der Art unseres Lachens ab, ob es freundlich und herzlich, spöttisch oder schadenfroh ist.

- Für eine gute Gesundheit und ein langes Leben gilt: lächeln und herzhaft lachen nicht vergessen.
- Lächle beim Verhandeln, dann wirst du besser abschließen.
- Wer ein Lachen schenkt, macht ein großes Geschenk.
- Für ein Lachen ist immer Zeit, selbst auf der Toilette.
- Ein Lächeln ist wie ein Sonnenstrahl.
- Lachen macht das Leben leichter.
- Lachen ist die Würze des Lebens.
- Lachen vertreibt den Streit.
- Lachen ist ein Lebenselixier.
- Sich selbst ein inneres Lächeln schenken macht froh.
- Geld sollte man sparen, jedoch nie das Lachen.
- Lachen gibt einem schwachen *Maum* neue Energie.
- Lachen erhöht die Willenskraft.
- Wer sich morgens beim Zähneputzen ein Lächeln schenkt, hat den ganzen Tag gute Laune.
- Morgens lacht die Sonne für uns, abends der Mond.
- In Korea lächeln die Steine.
- Manche Probleme lassen sich mit einem Lachen lösen.
- Lachen verbessert die Atmosphäre am Arbeitsplatz.
- Lachen ist eine Liebesmelodie.
- Lächeln bringt gute Geschäfte.
- Lachen verleiht uns Ausdruckskraft.

- Wer lacht, beißt nicht.
- Ein Tag ohne Lachen ist ein verlorener Tag.
- Lachen ist die Sprache der Götter.
- Lachen ist die beste Art, die Zähne zu zeigen.
- Das Paradies verdient, wer seine Freunde zum Lachen bringt.
- Wer den Tag mit Lachen beginnt, hat ihn bereits gewonnen.
- Solang noch gelacht wird, sind die Dinge in Ordnung.
- Ein freundliches Lächeln ist mehr wert als ein gutes Essen.
- Lachen ist die Brücke über dem Abgrund.
- Wenn das Lachen erlischt, erfriert das Herz.
- Das Lachen ist ein Trampolin ins Glück.
- Einmal lachen hilft besser, als dreimal Medizin nehmen.
- Solang der Mensch recht lachen kann, fängt er noch rechte Sachen an.
- Liebe geht durch den Magen, Lachen geht über alles.
- Ein Lächeln ist für die Schönheit so wichtig wie das Salz in der Suppe.
- Jedes Lachen vermehrt das Glück auf Erden.
- Bist du hungrig, so singe, schmerzt dich etwas, so lache.
- Ein Lächeln öffnet das Herz.

Wenn Sie, liebe Leserin, lieber Leser, Ihr Herz nun geöffnet haben, dann bin ich mir sicher, dass Sie sich auf jenem Weg befinden, der Sie zu mehr Gesundheit und Glück führen wird. Ich danke Ihnen dafür, dass ich Sie dorthin begleiten durfte.

## *Schlusswort: Der lächelnde Indianer*

Als ich Meister Seo das erste Mal begegnet bin, war das rein zufällig – oder schicksalhaft, wie man's nimmt. Ich kam gerade aus einem Wanderurlaub in den Bergen Italiens zurück und war dabei, mich langsam wieder an das Großstadtleben zu gewöhnen. Frisch aus der »Wildnis« angekommen, fielen mir die vielen gestressten, missmutigen Gesichter besonders auf, als ich auf der Münchener Leopoldstraße ein paar Einkäufe erledigte. Im selben Augenblick, als ich anfing, darüber nachzugrübeln, was die Menschen so sein ließ, kam mir ein »Außerirdischer« entgegen. Er trug so etwas wie einen mexikanischen Poncho, bayerische Lederhosen und eine Kopfbedeckung in vielen Farben. Dieser »Indianer« hatte keinen gehetzten Blick, er schritt rasch, aber gleichmäßig, seine Bewegungen waren gelöst und kraftvoll. Beim Vorübergehen streifte mich der Hauch eines Lä-

chelns, das ganz offensichtlich nicht mir persönlich galt, sondern der ganzen Welt. Es war ein Lächeln, vom Auge kaum wahrnehmbar, aber fühlbar strahlend und echt.
In derselben Woche sollte ich mein neues Gesundheitstraining beginnen, für das ich mich im nahe gelegenen Taekwondo-Studio, ohne lange zu überlegen, angemeldet hatte. Obwohl ich bereits über fünfzig Jahre alt war, hatte man mir am Telefon auf meine diesbezügliche Anfrage freundlich Mut gemacht. Meine Überraschung war groß, als ich dort ankam. Es begrüßte mich der »lächelnde Indianer«, Meister Seo persönlich.
Inzwischen sind zwei Jahre vergangen, in denen ich nach und nach hinter das Geheimnis dieses Lächelns schauen durfte, das – so habe ich zumindest das Gefühl – stets auf uns Schüler abfärbt, ob wir uns mit Kampfsportübungen oder dem Erlernen eines koreanischen Liedes abmühen.
Mein Körper ist inzwischen von Störungen, mit denen ich mich bereits abgefunden hatte, befreit, mein Geist rege und wach, meine Psyche beruhigt. Allergien adieu! Schulter- und Gelenkschmerzen goodbye! Knieprobleme ciao! Depressive Verstimmungen auf Nimmerwiedersehen!
Anfängliche Klagen meinerseits über Schmerzen kommentierte der Meister ungerührt auf seine ganz eigene Art: »Wenn kein Schmerz, dann tot.« Dieser kleine Satz ließ

mich weitermachen, auch wenn es anfangs schwer fiel. Heute habe ich »viel Freude«. Auch so ein Lieblingsausspruch des Meisters. Alles, was nötig ist, gerne tun, dann »viel Freude«.

Die Zusammenarbeit an diesem Buchprojekt stand für mich ganz unter diesem Motto, und mein innigster Dank gilt Meister Seo für sein Vertrauen und seine Freundschaft. Ich hoffe, dass sein Wunsch in Erfüllung geht, möglichst vielen Menschen Mut zu machen, mehr für ihre Gesundheit zu tun. Denn er ist der tiefen Überzeugung, dass körperliche und geistig-seelische Gesundheit des Einzelnen der Schlüssel für persönliches Glück ist und auch ein Beitrag für eine bessere Welt.

*Brigitte Berger*